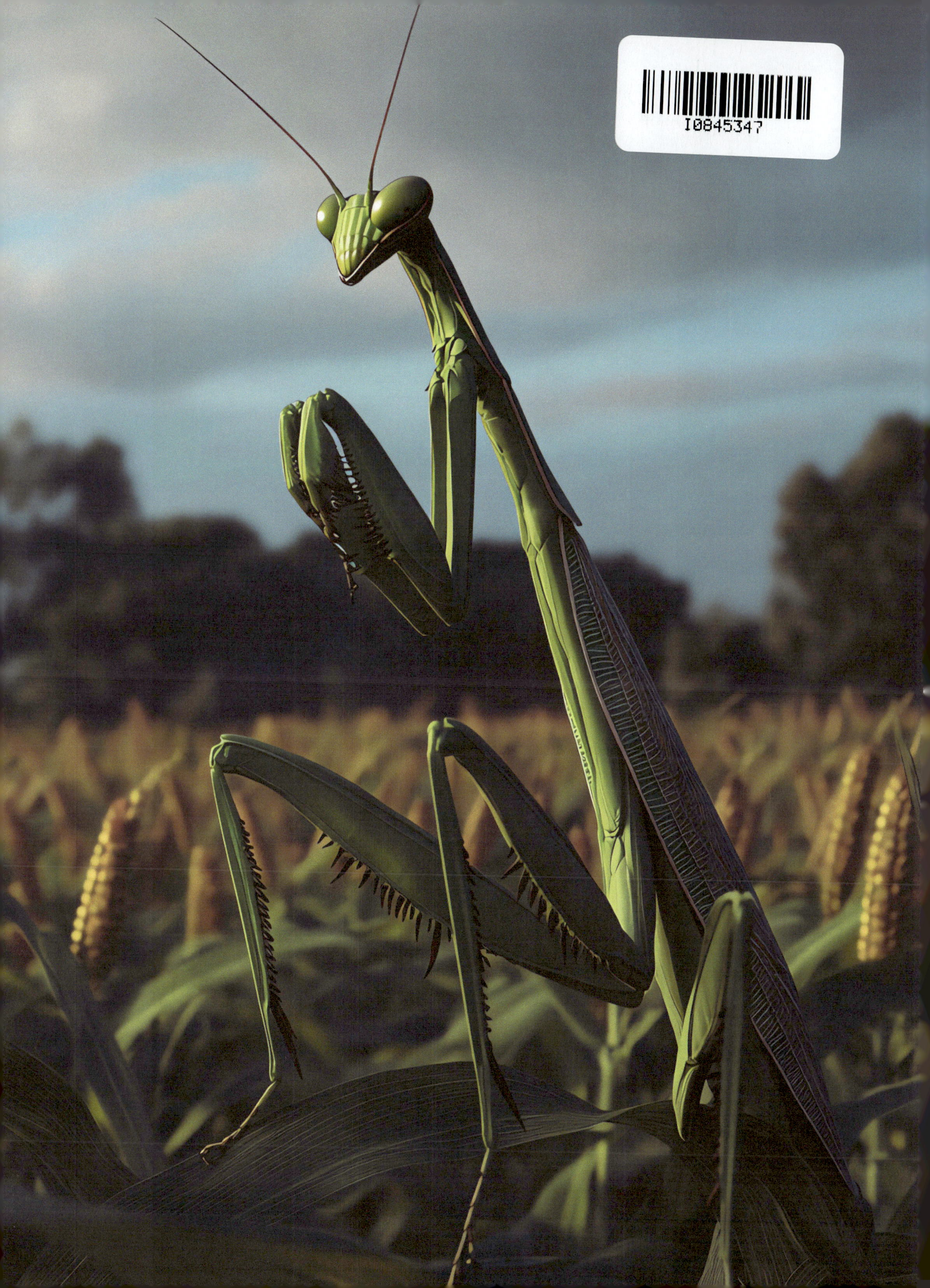

I0845347

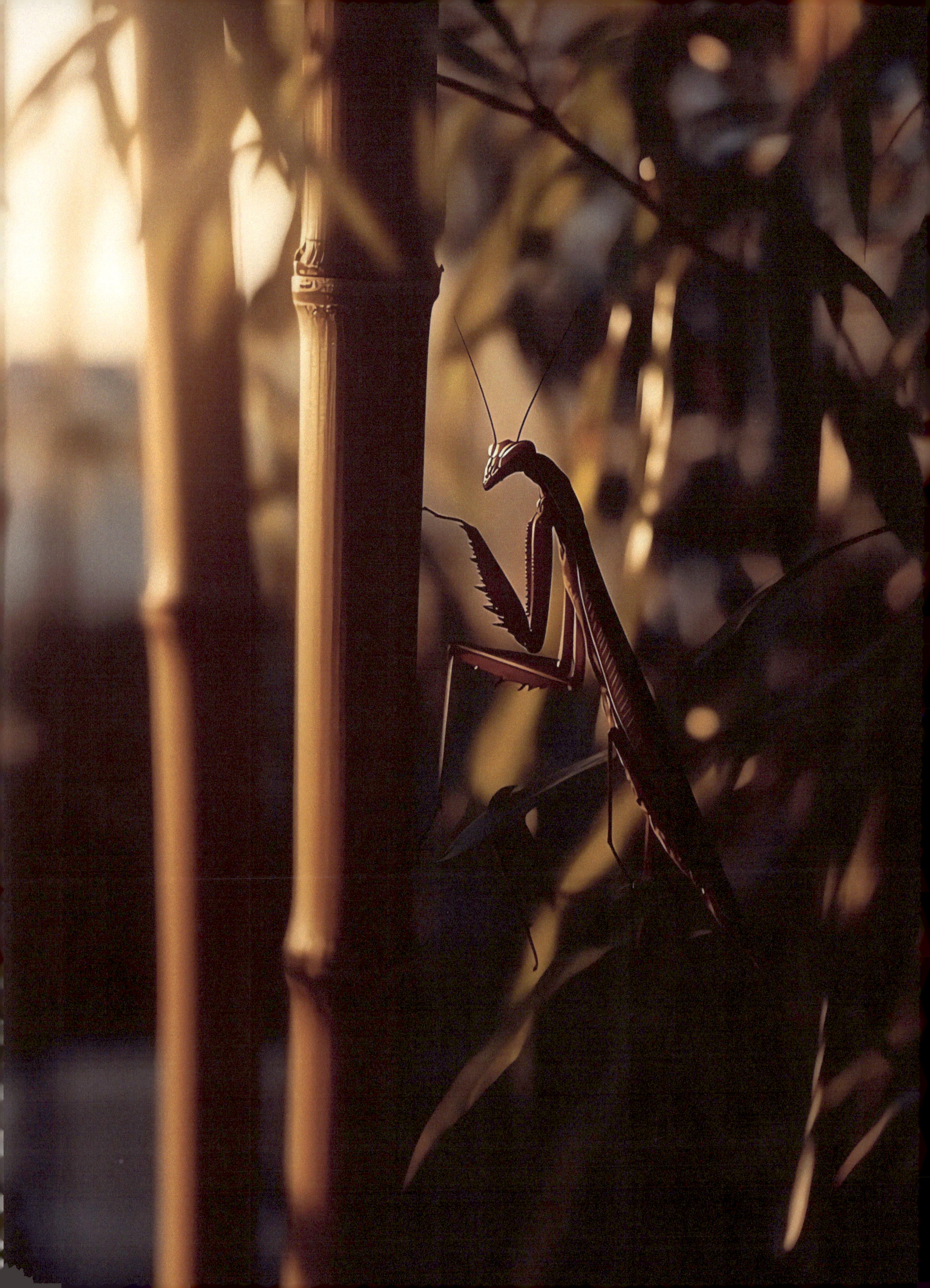

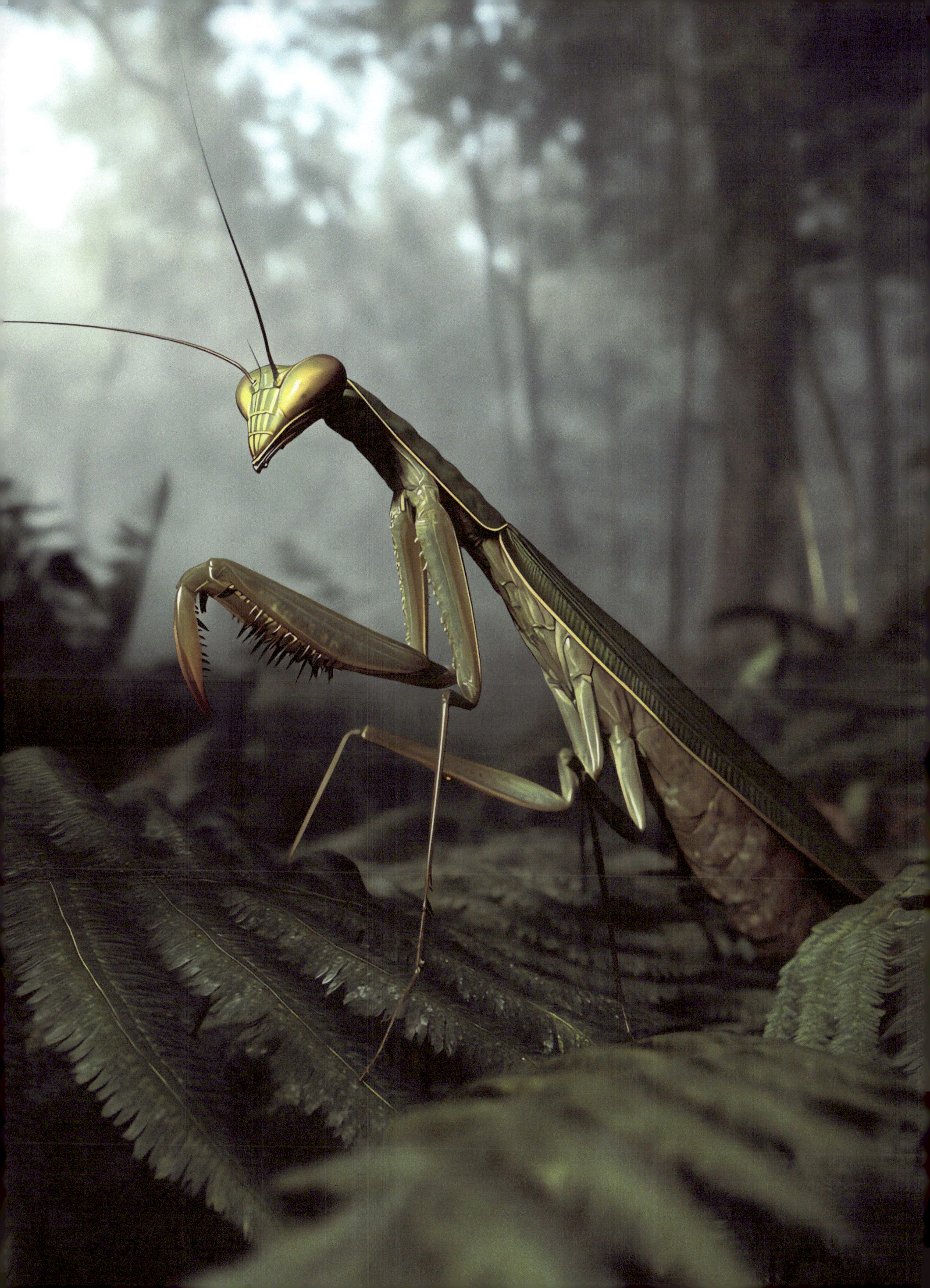

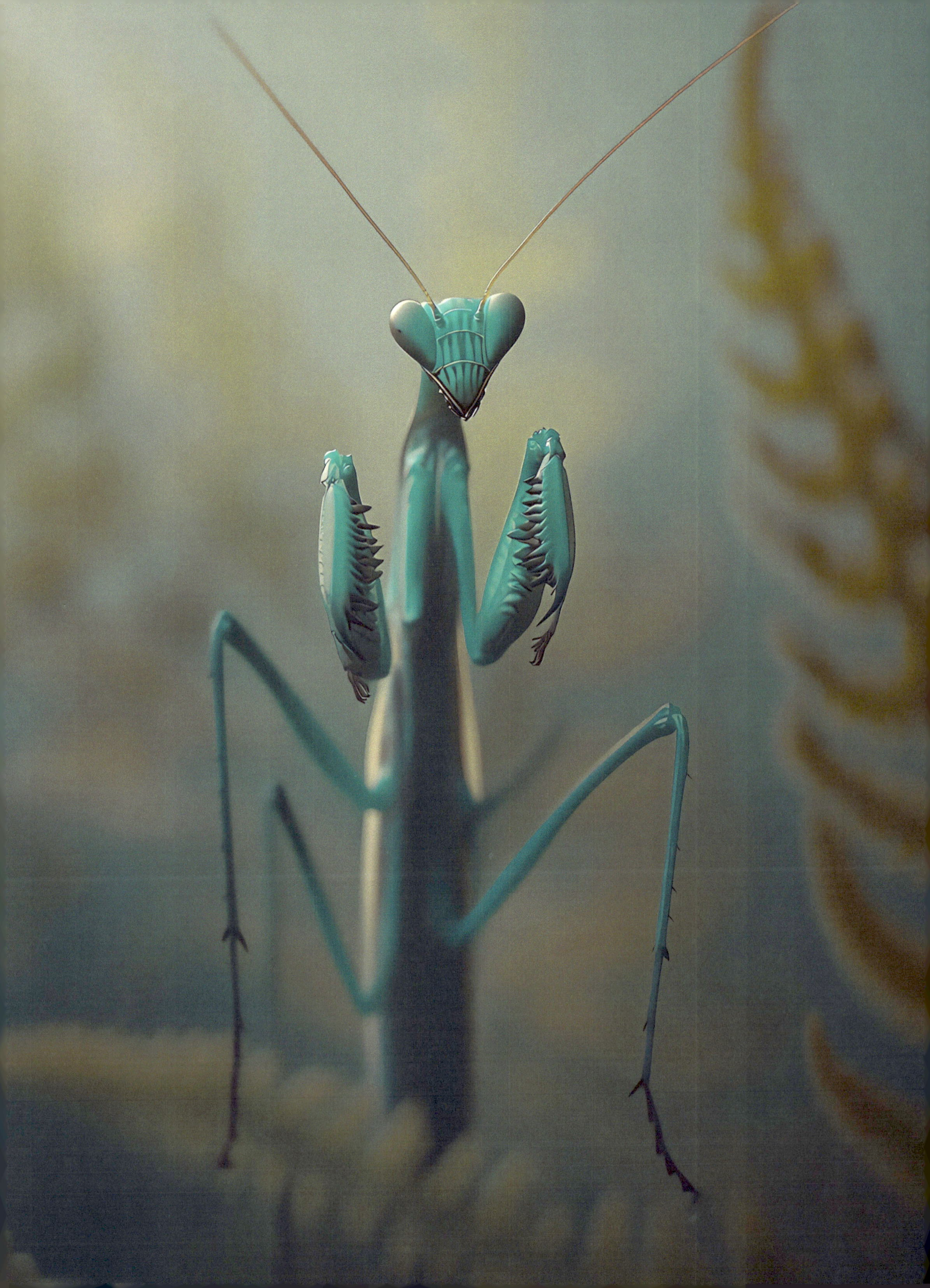

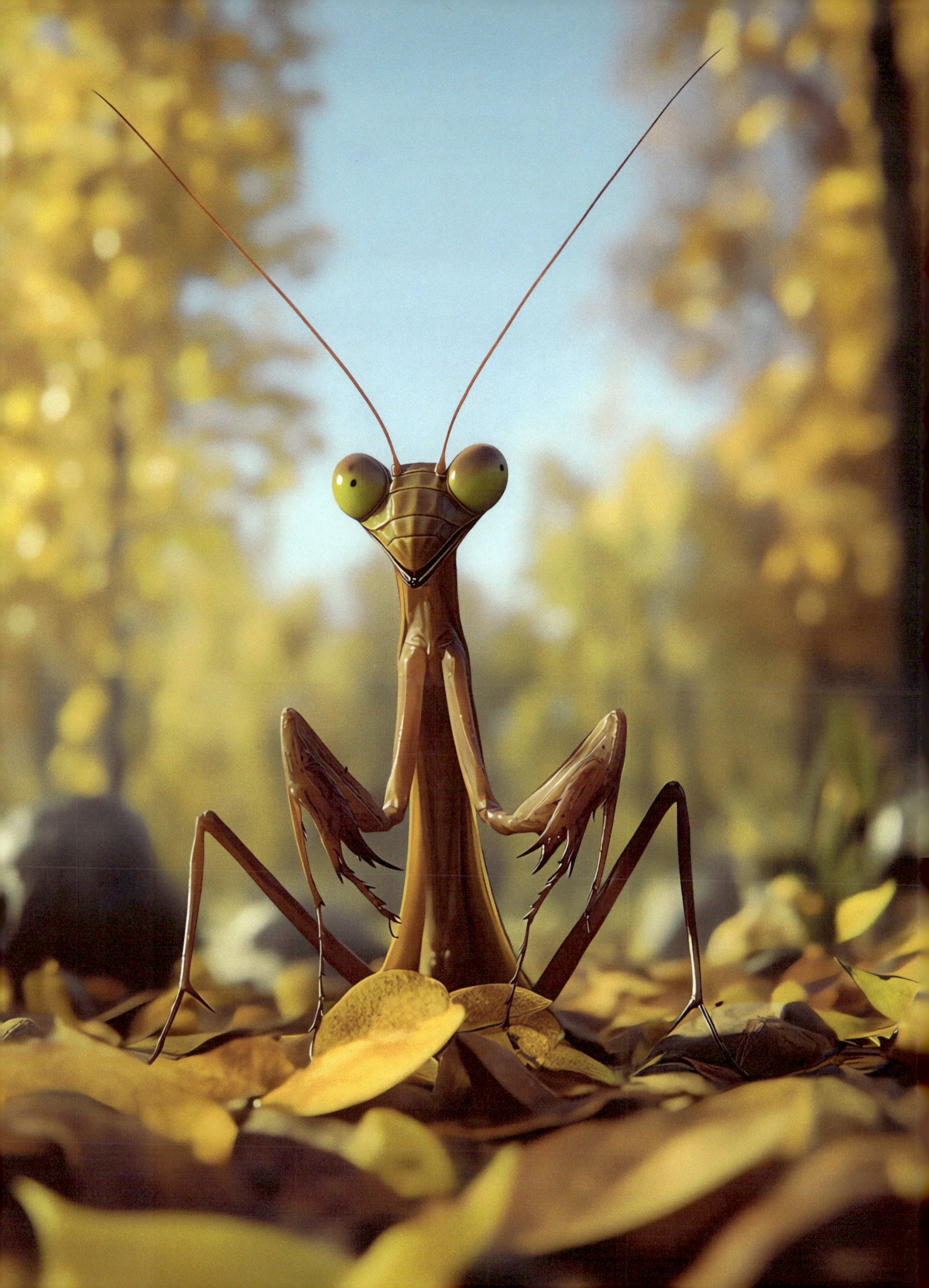

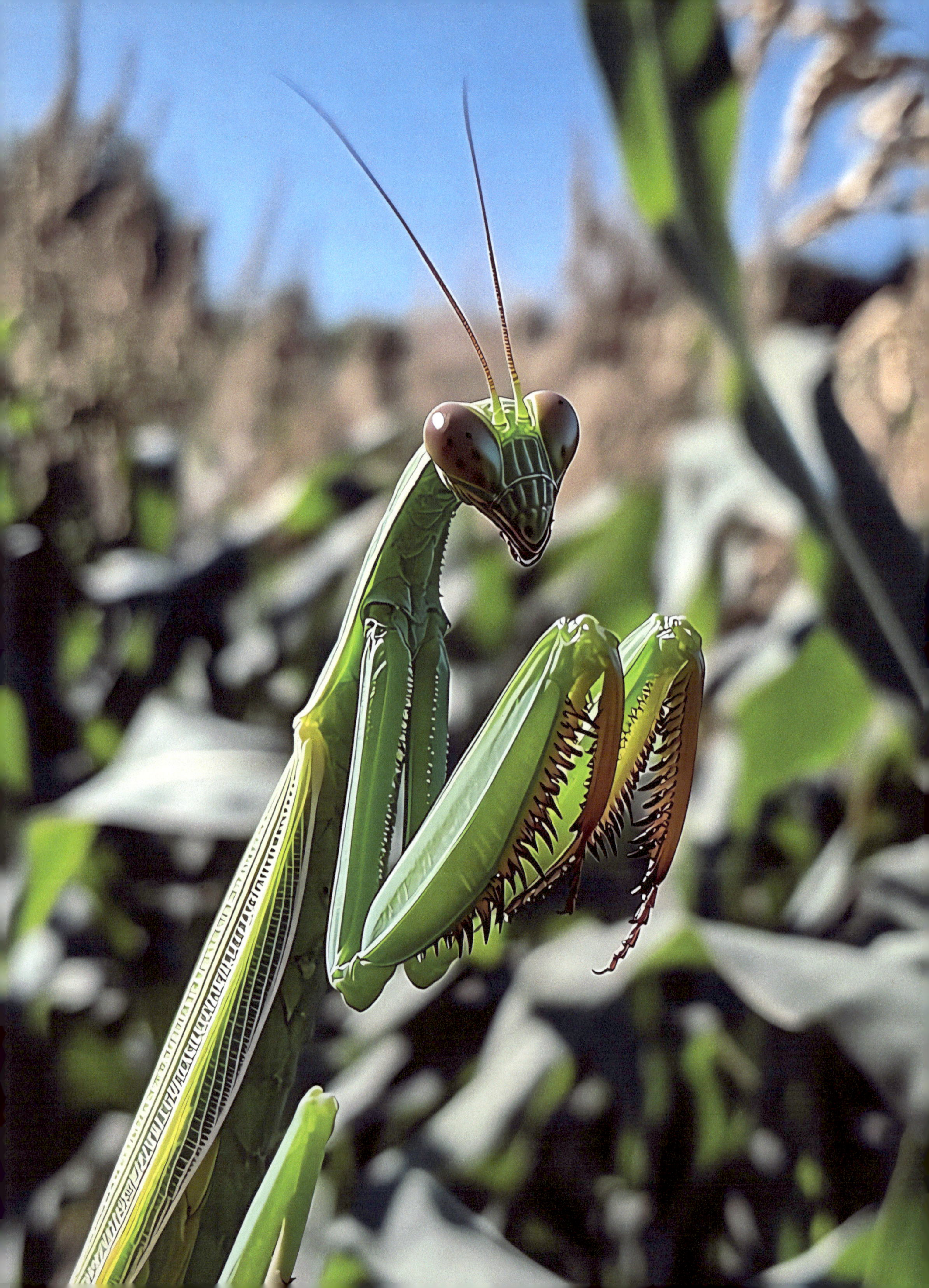

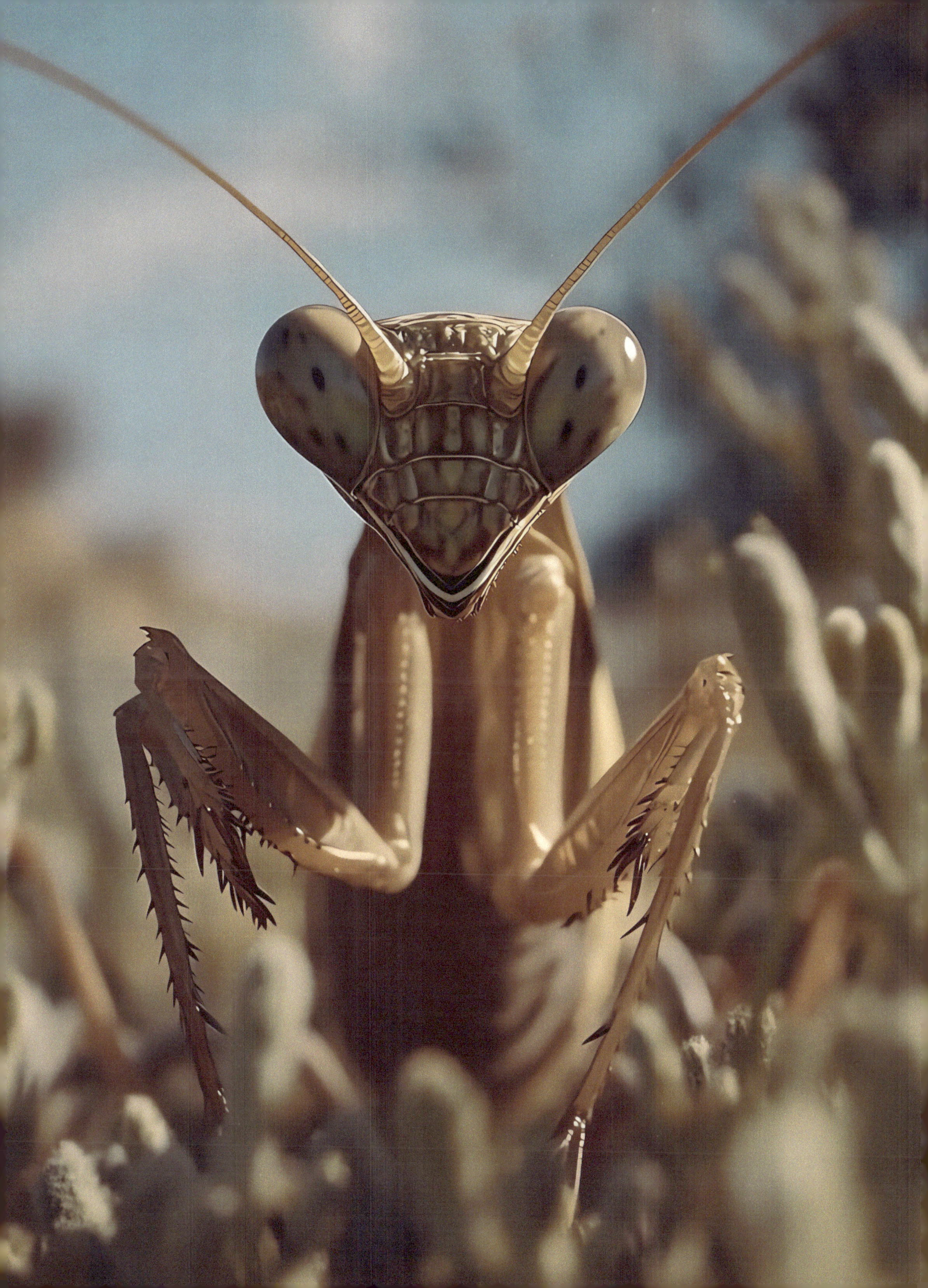

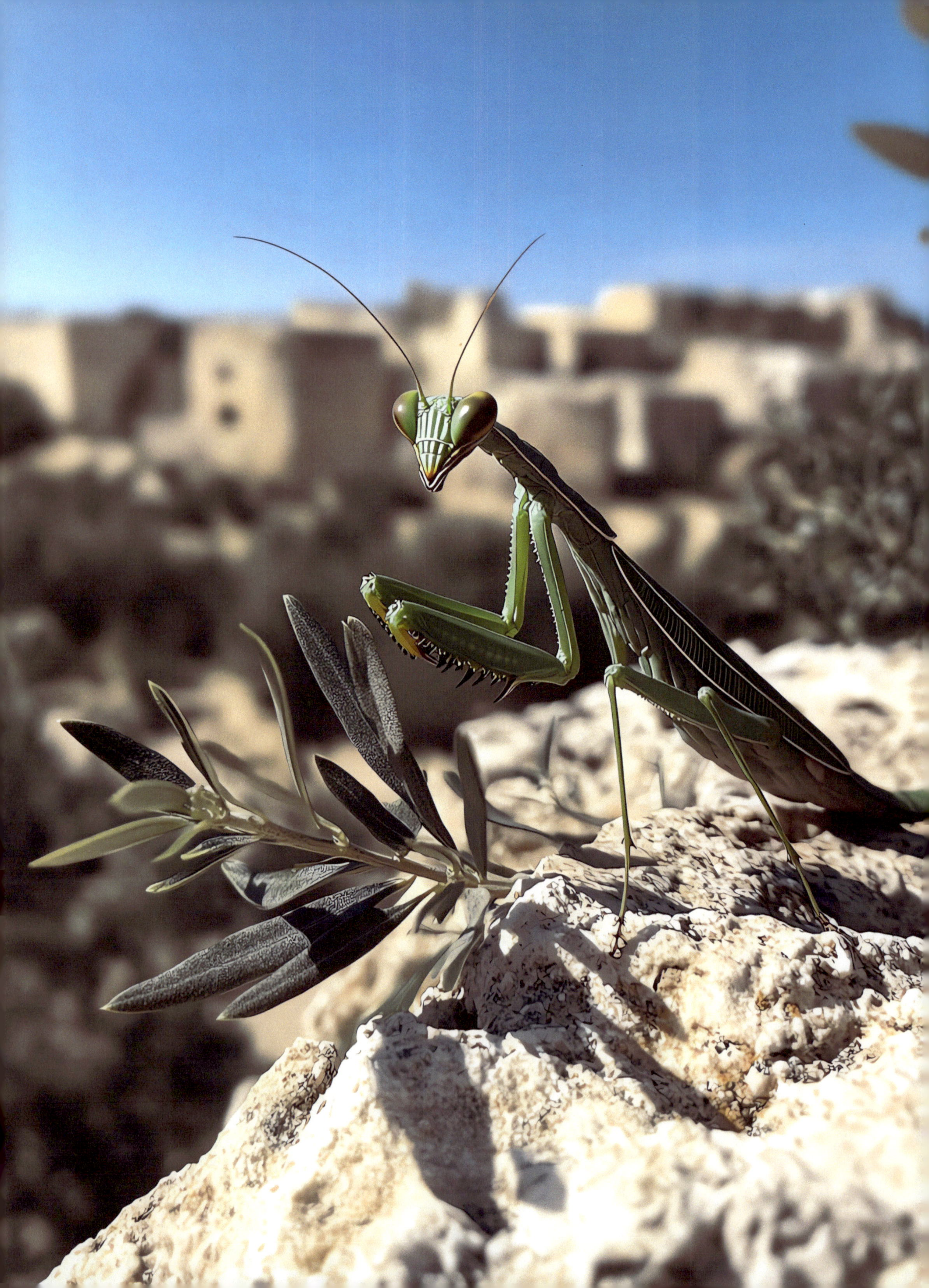

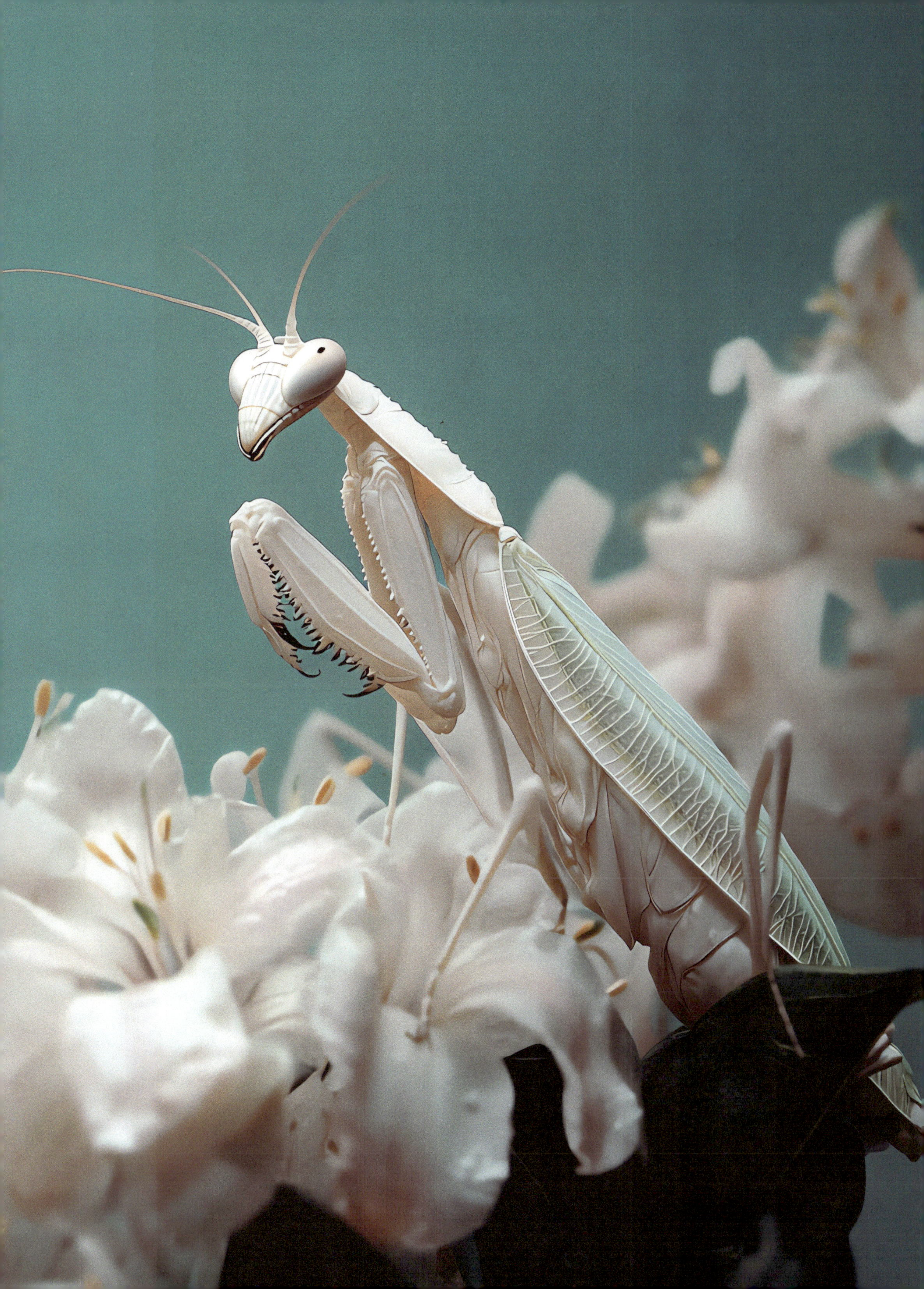

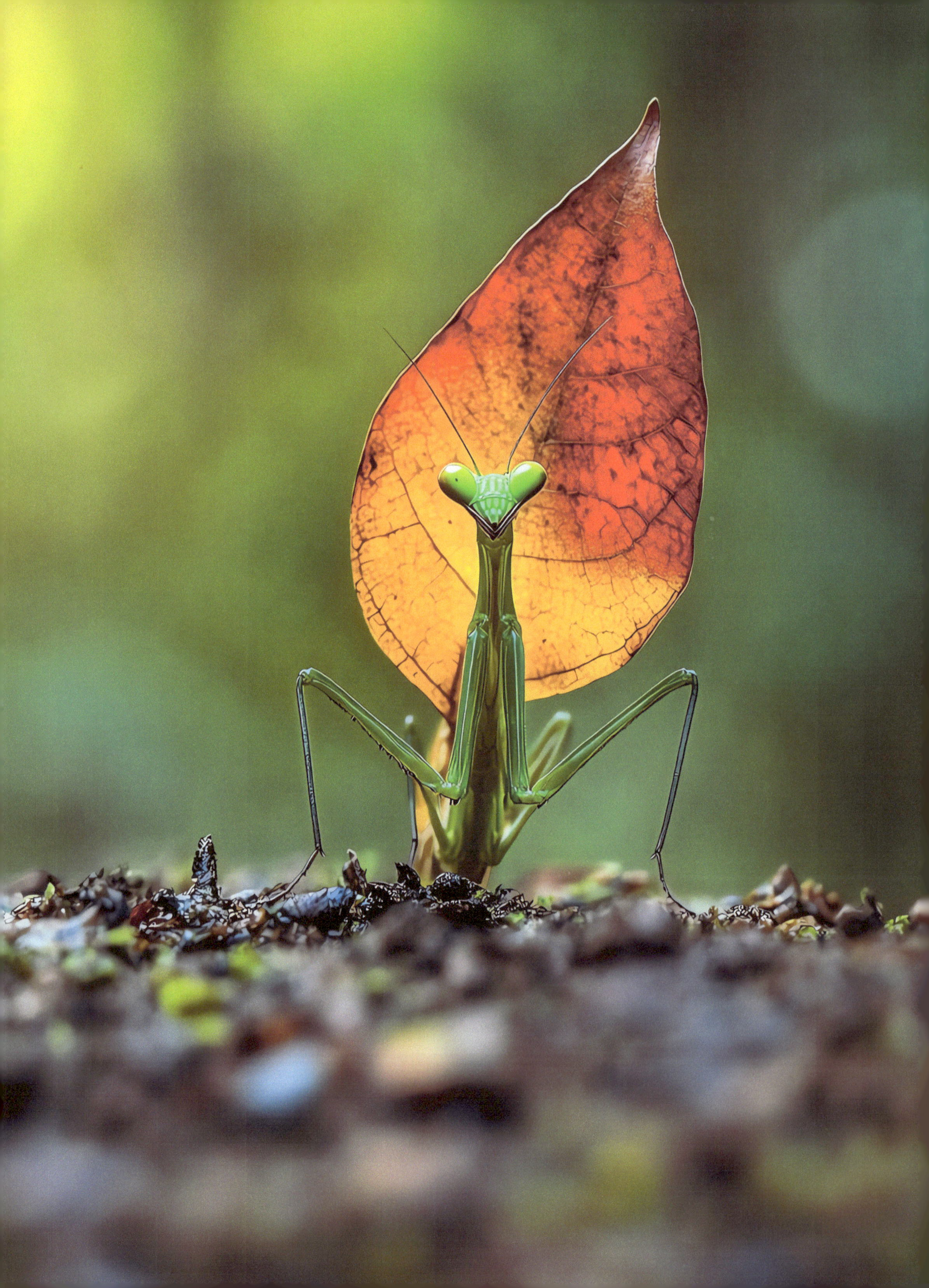

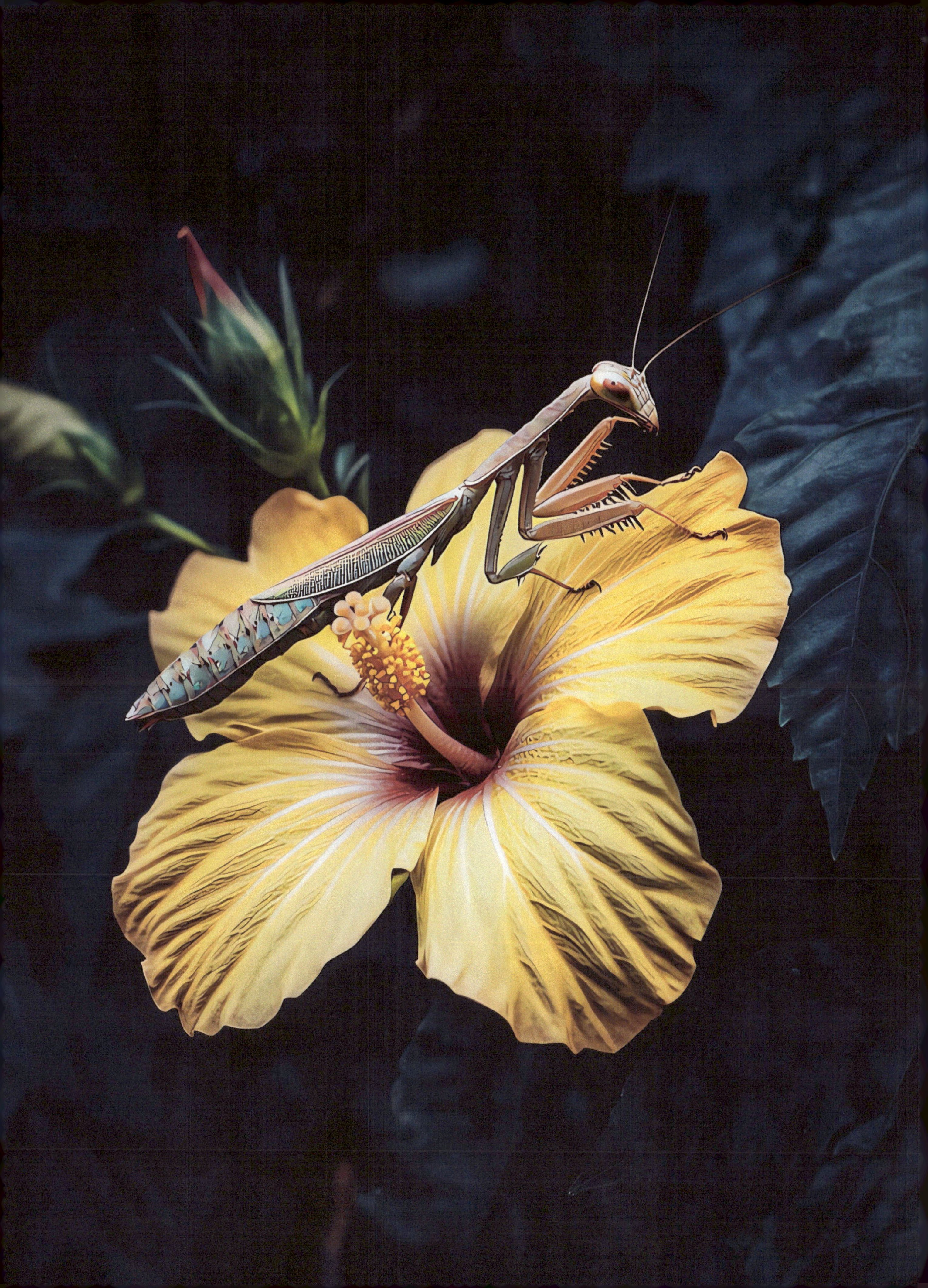

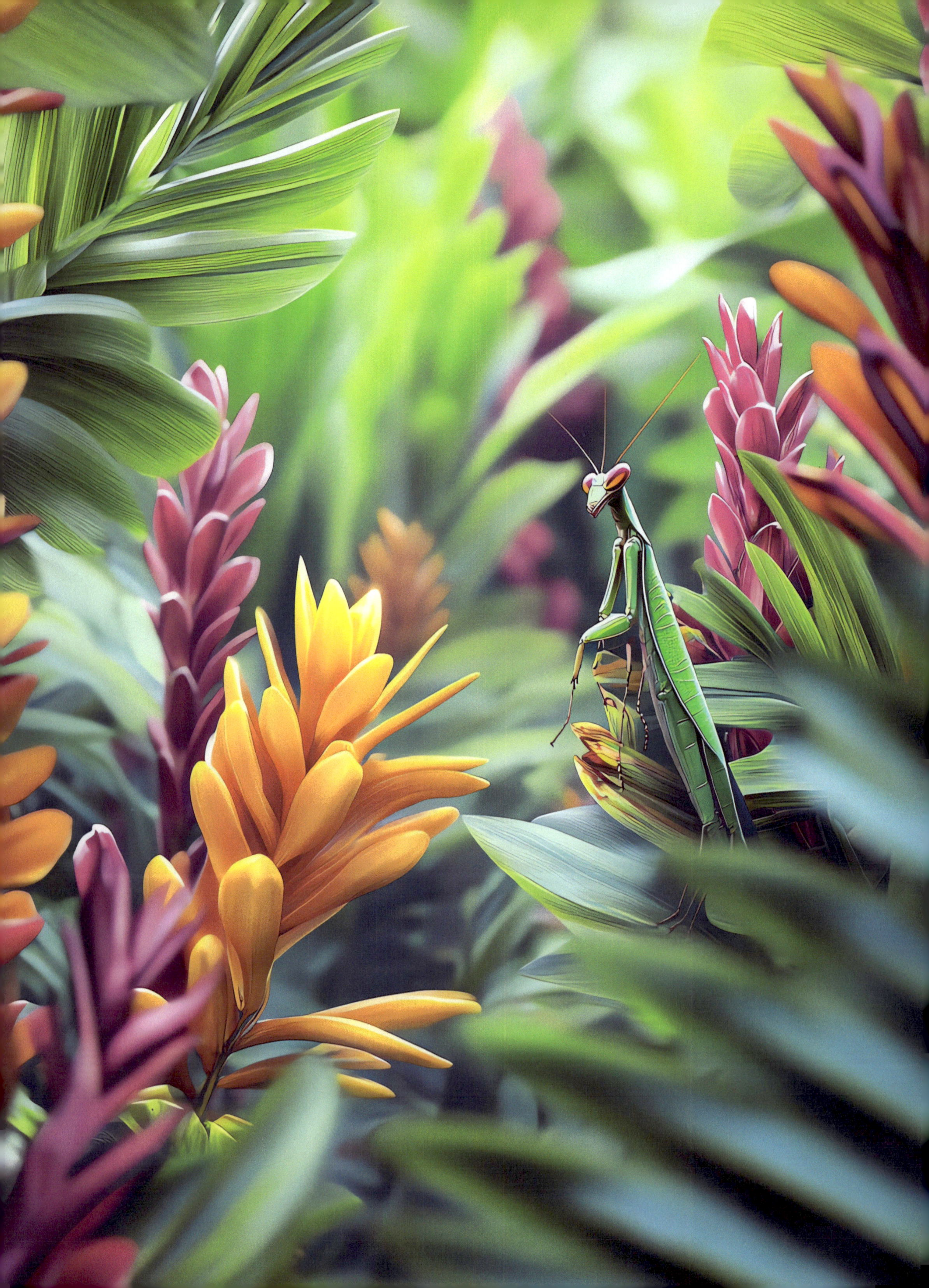

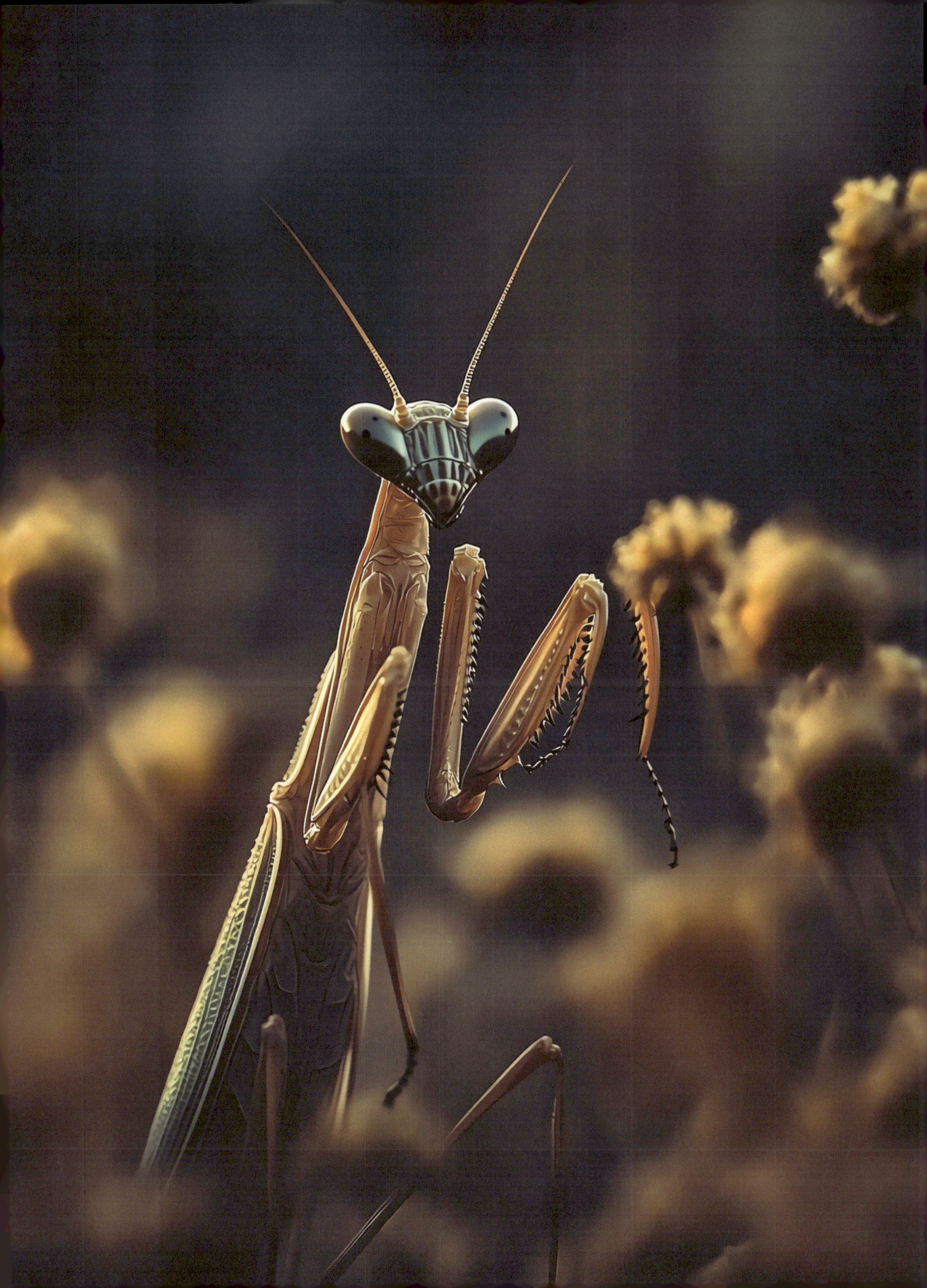

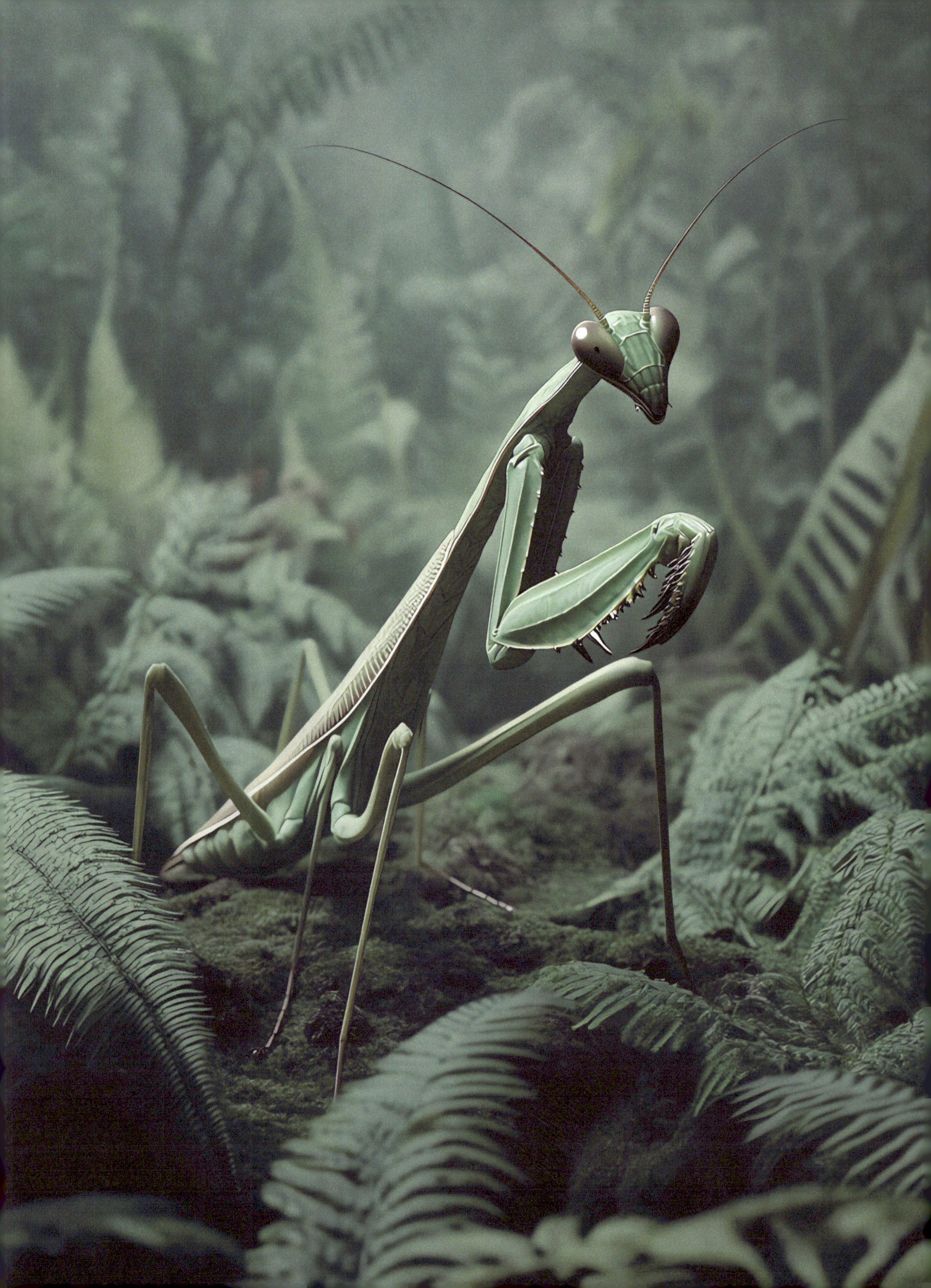

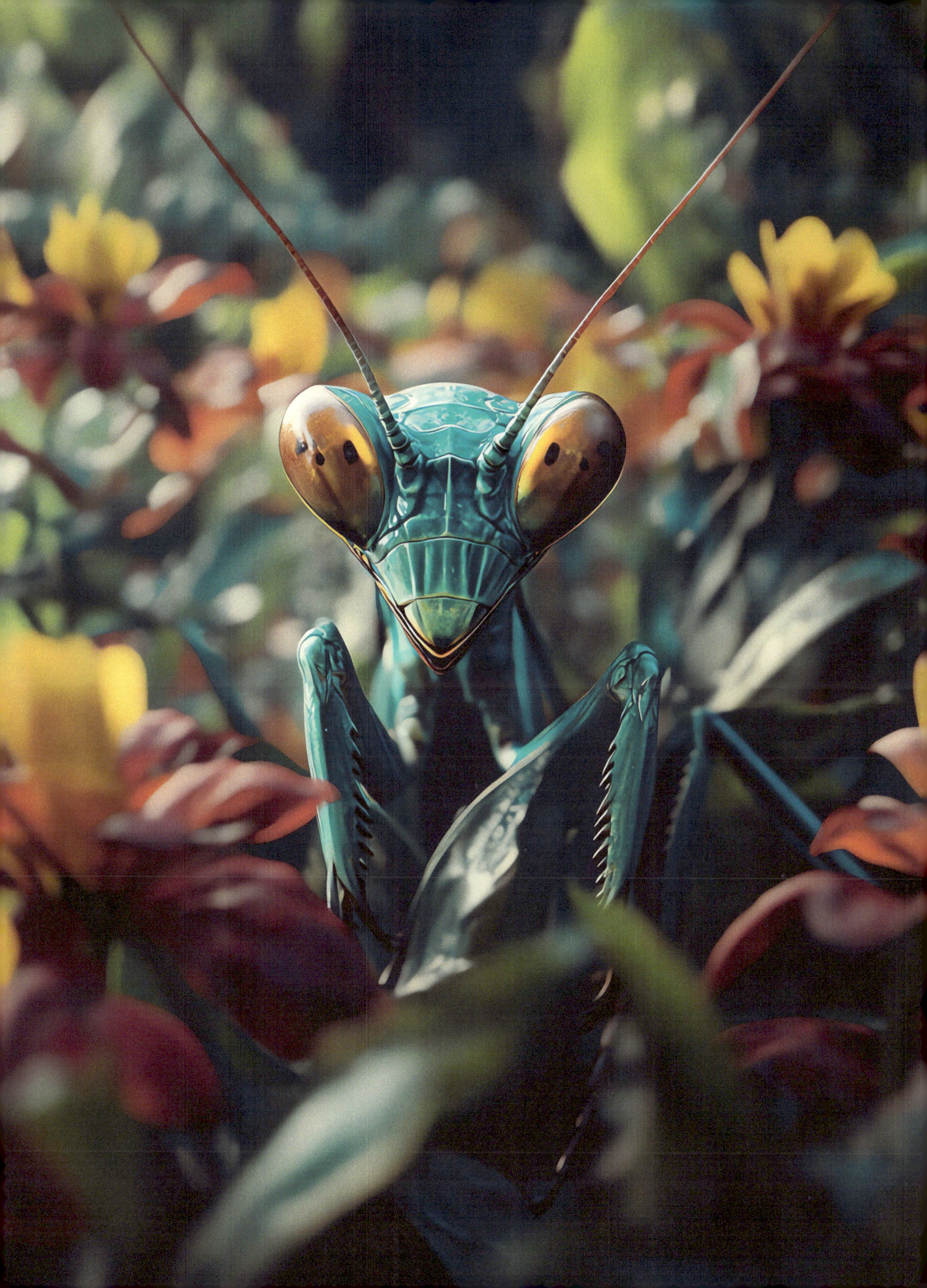

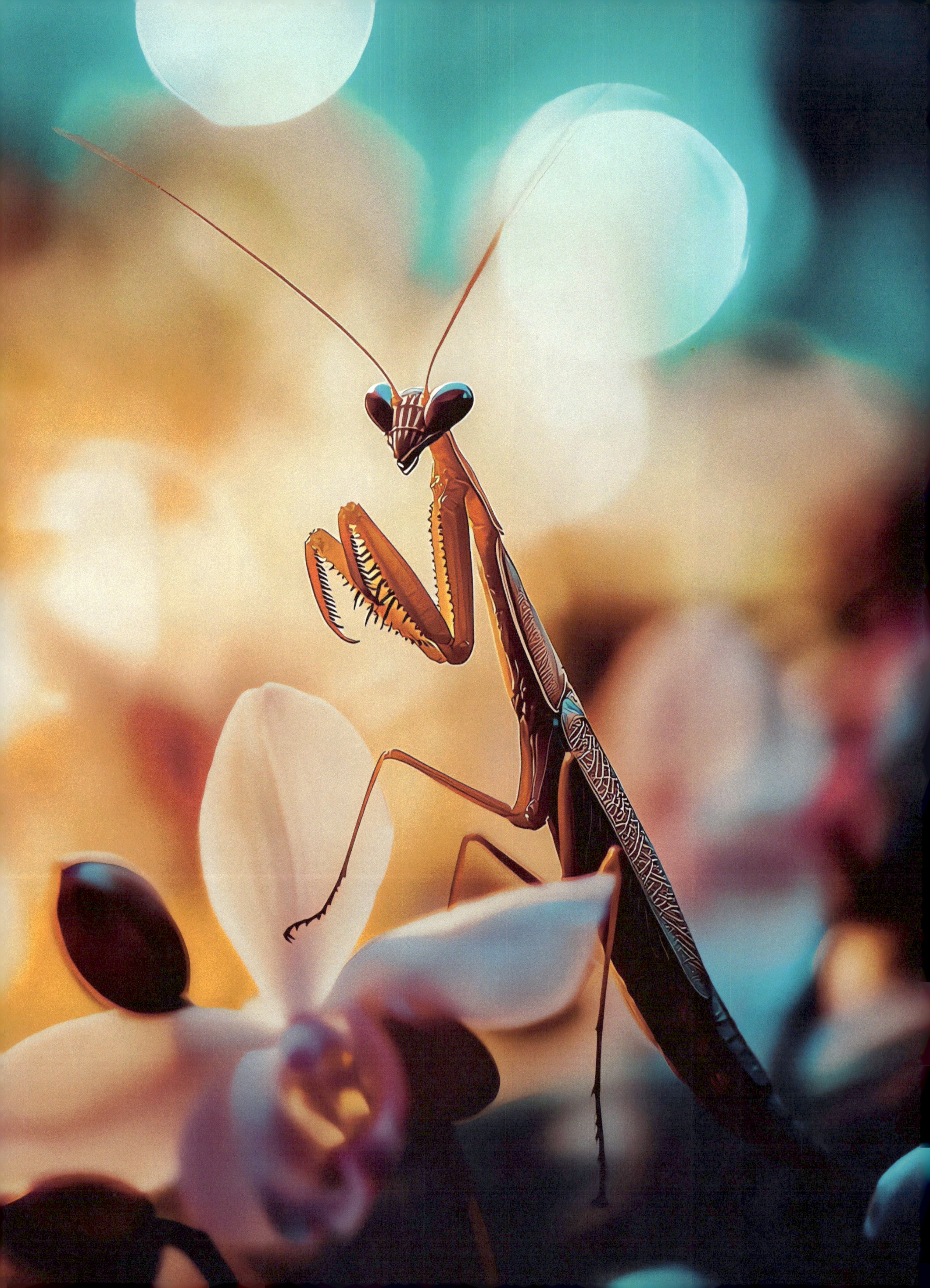

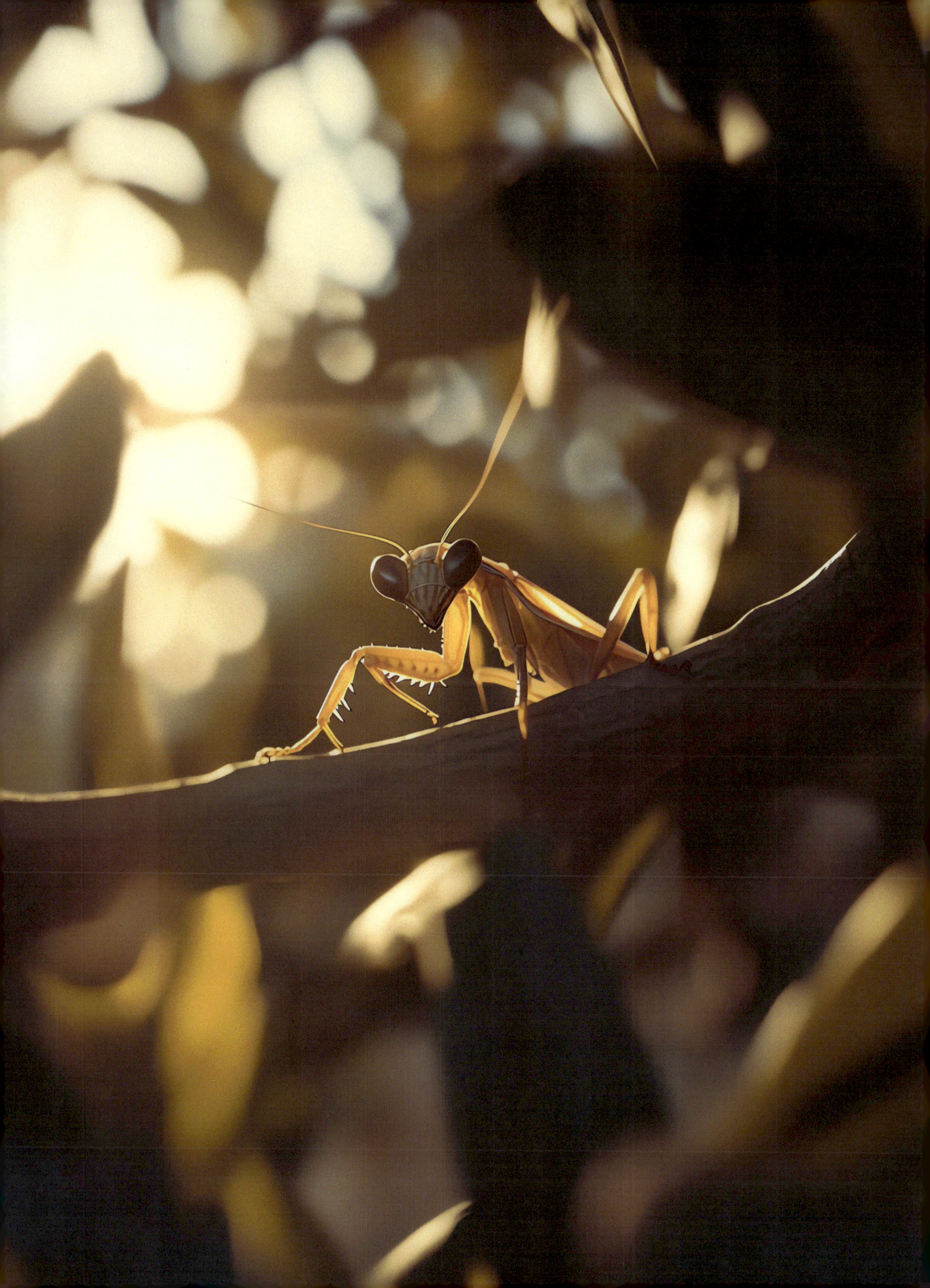

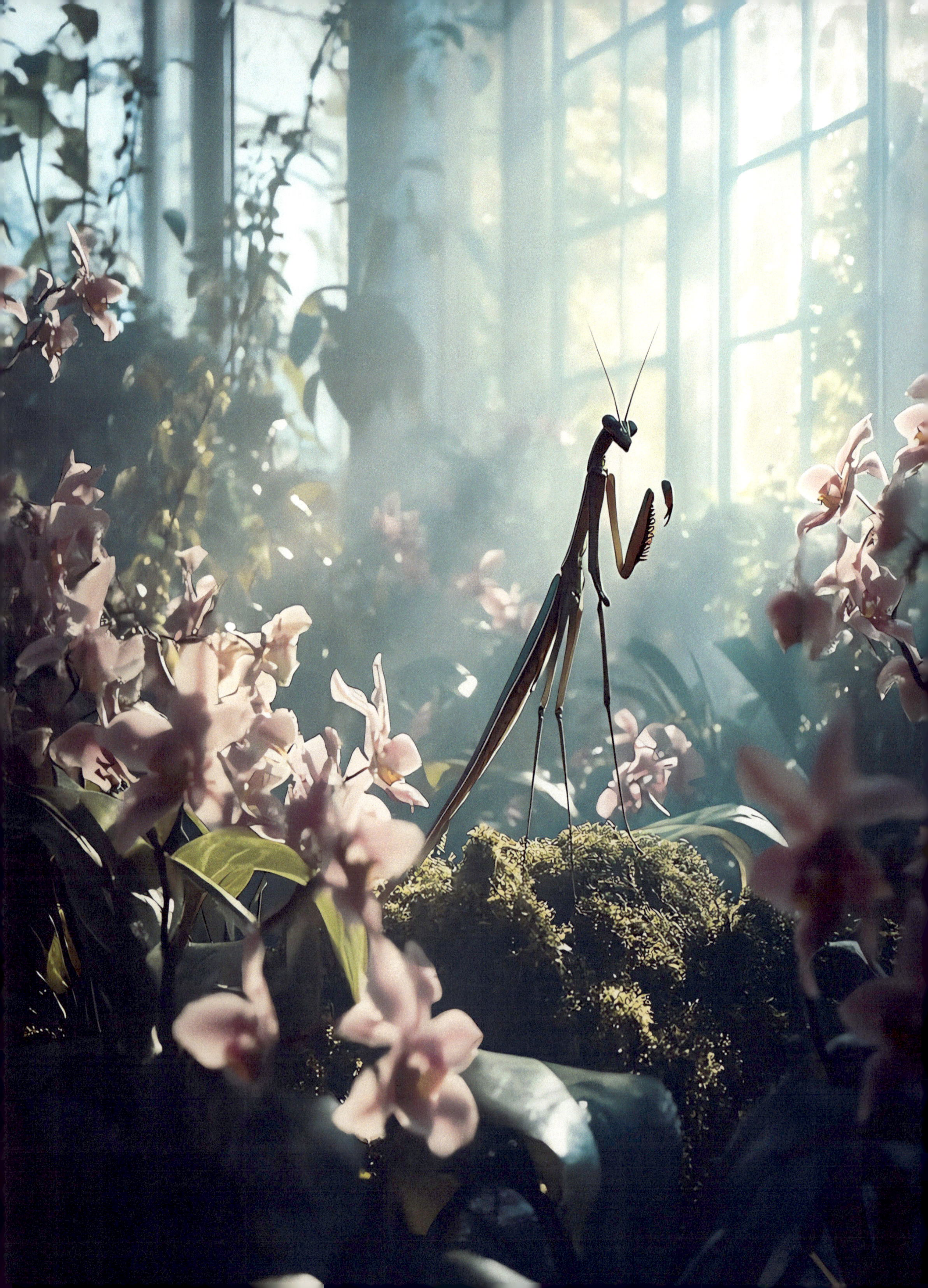

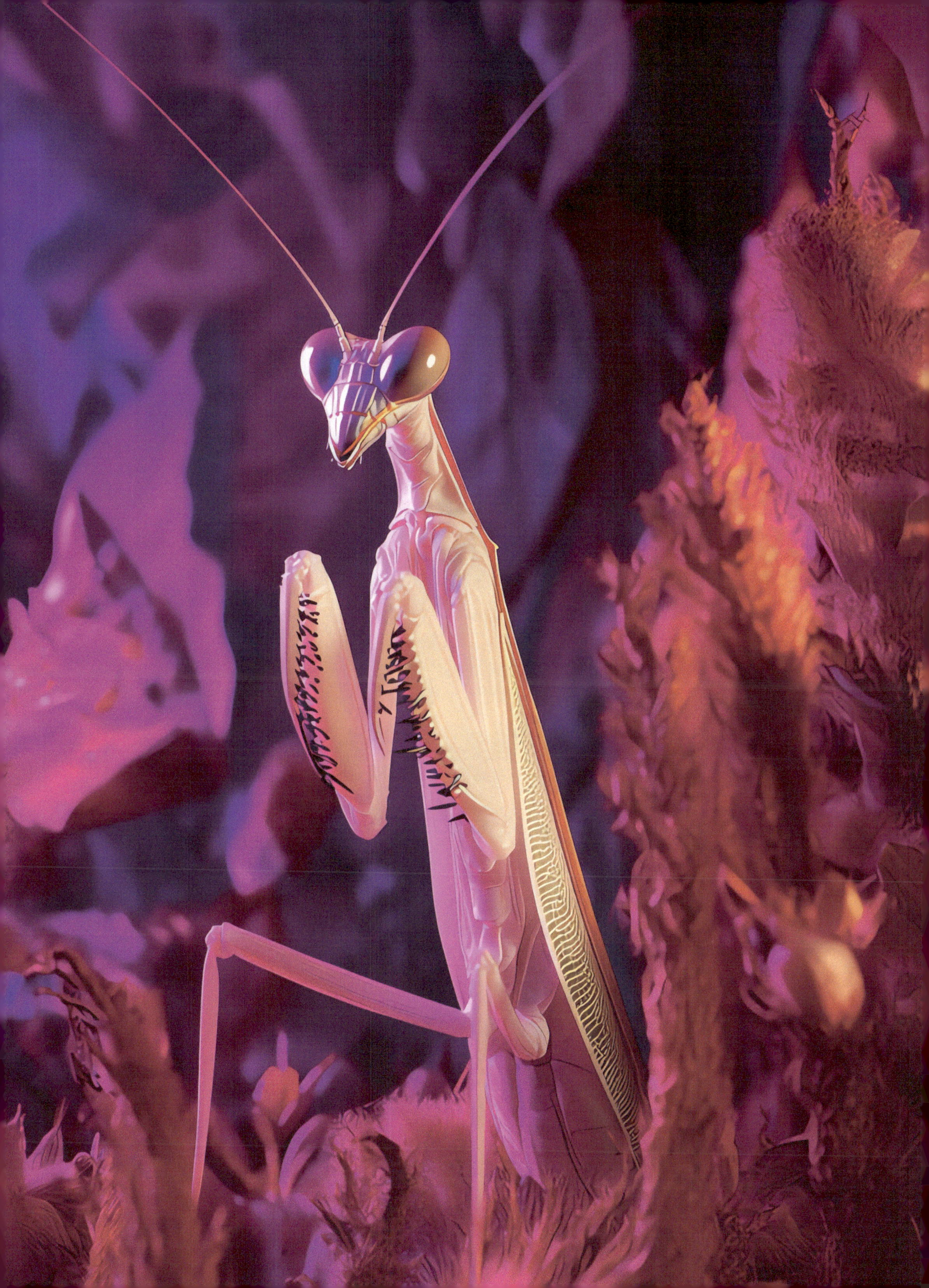

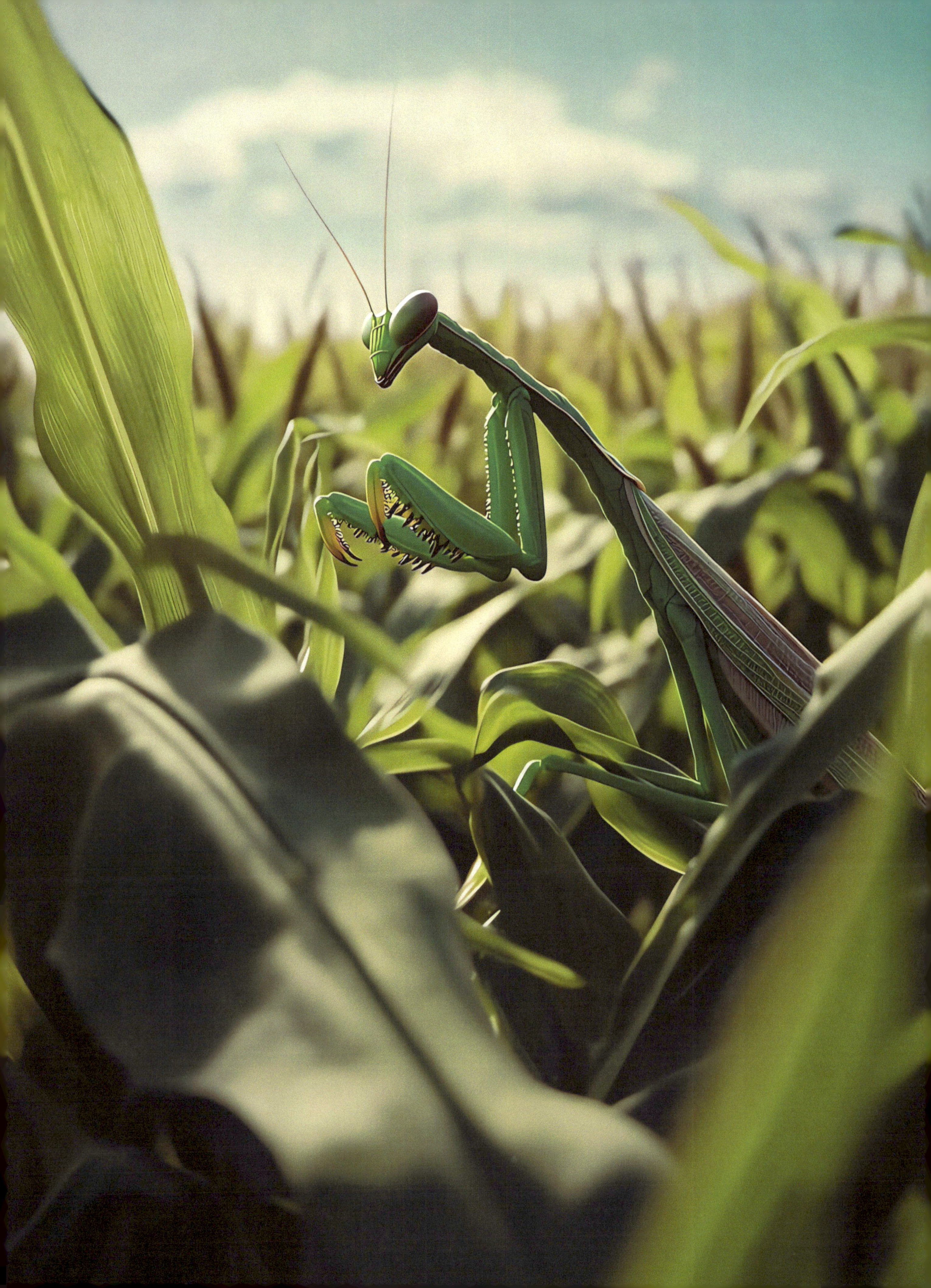

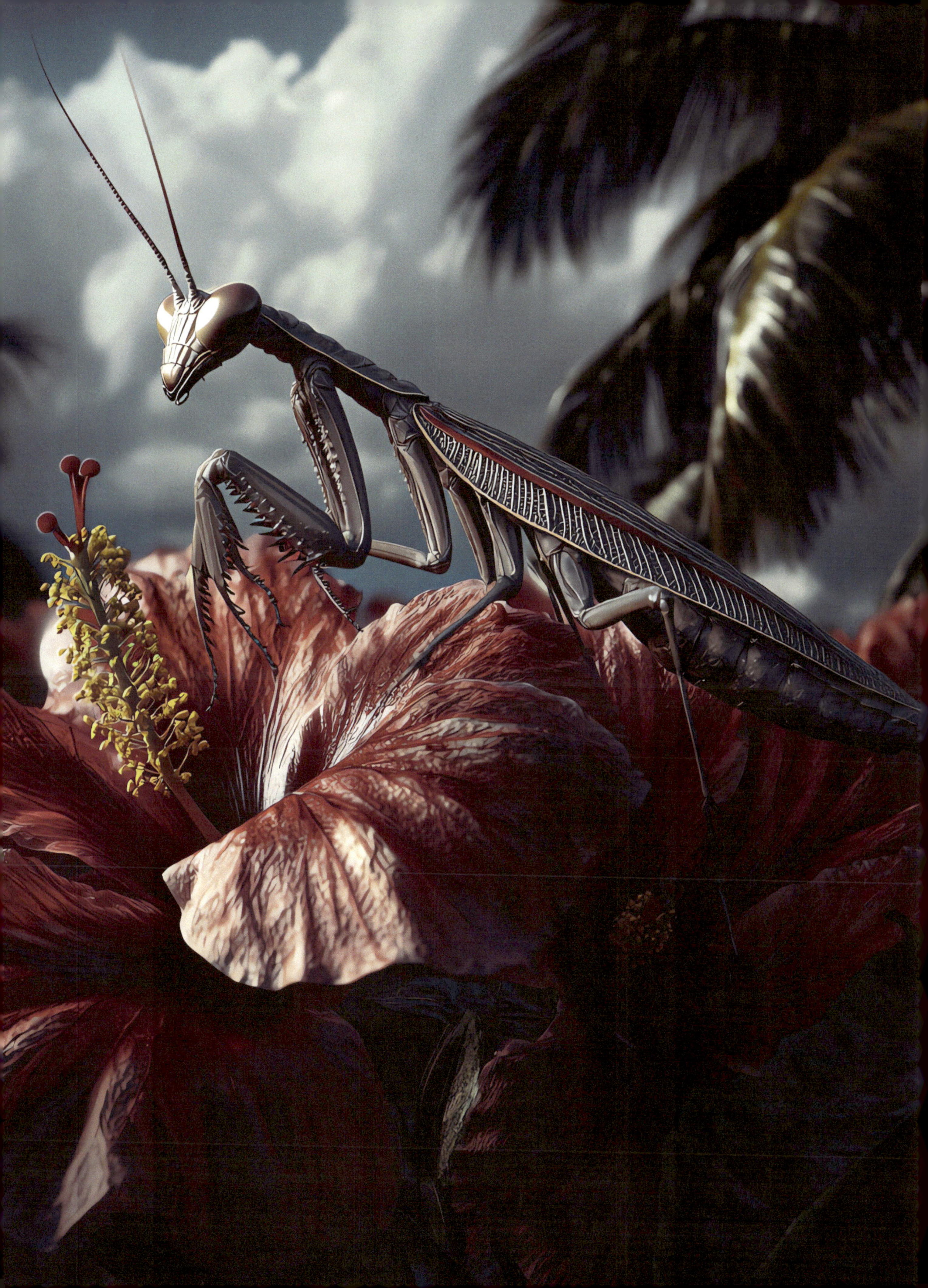

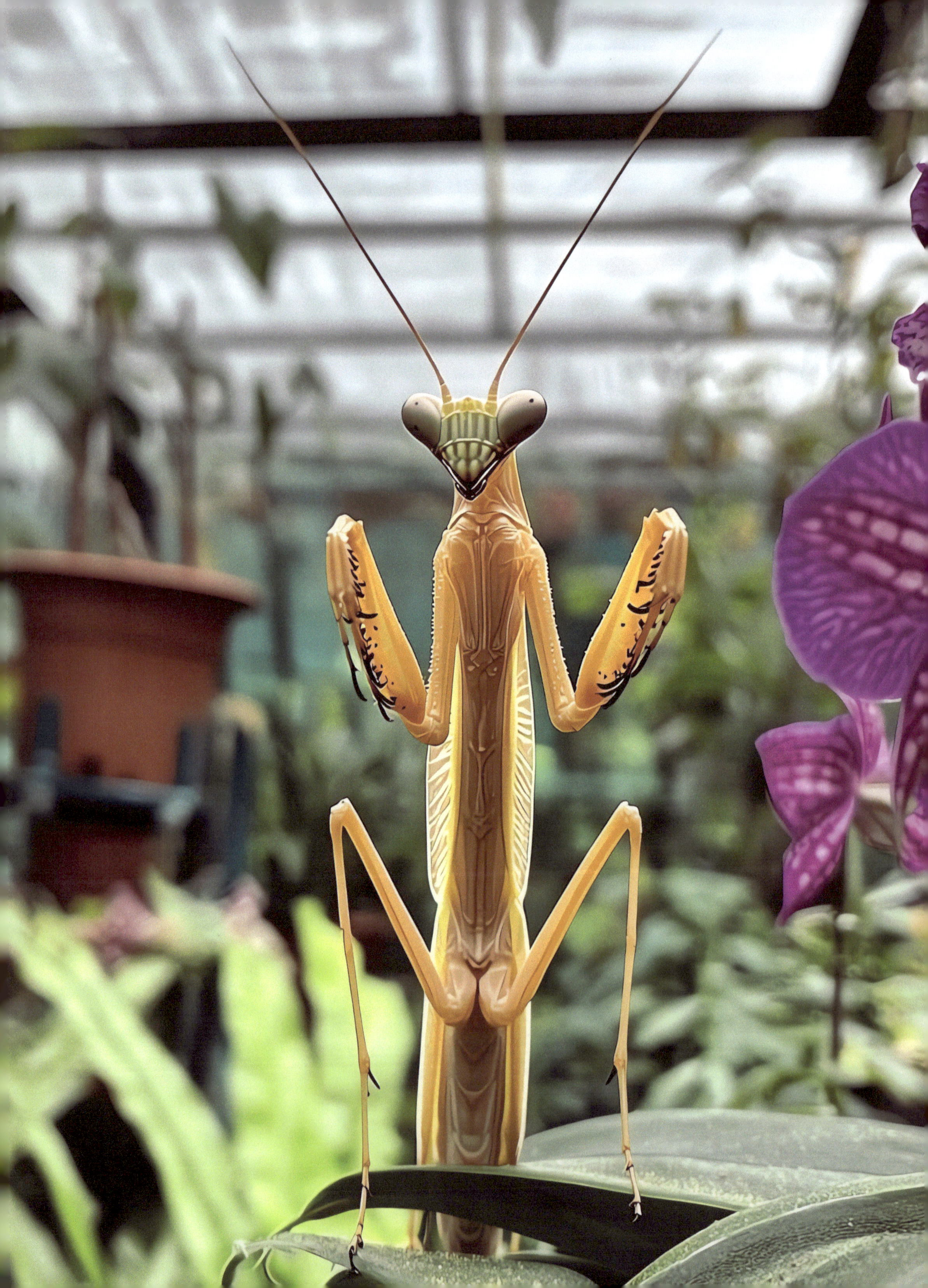

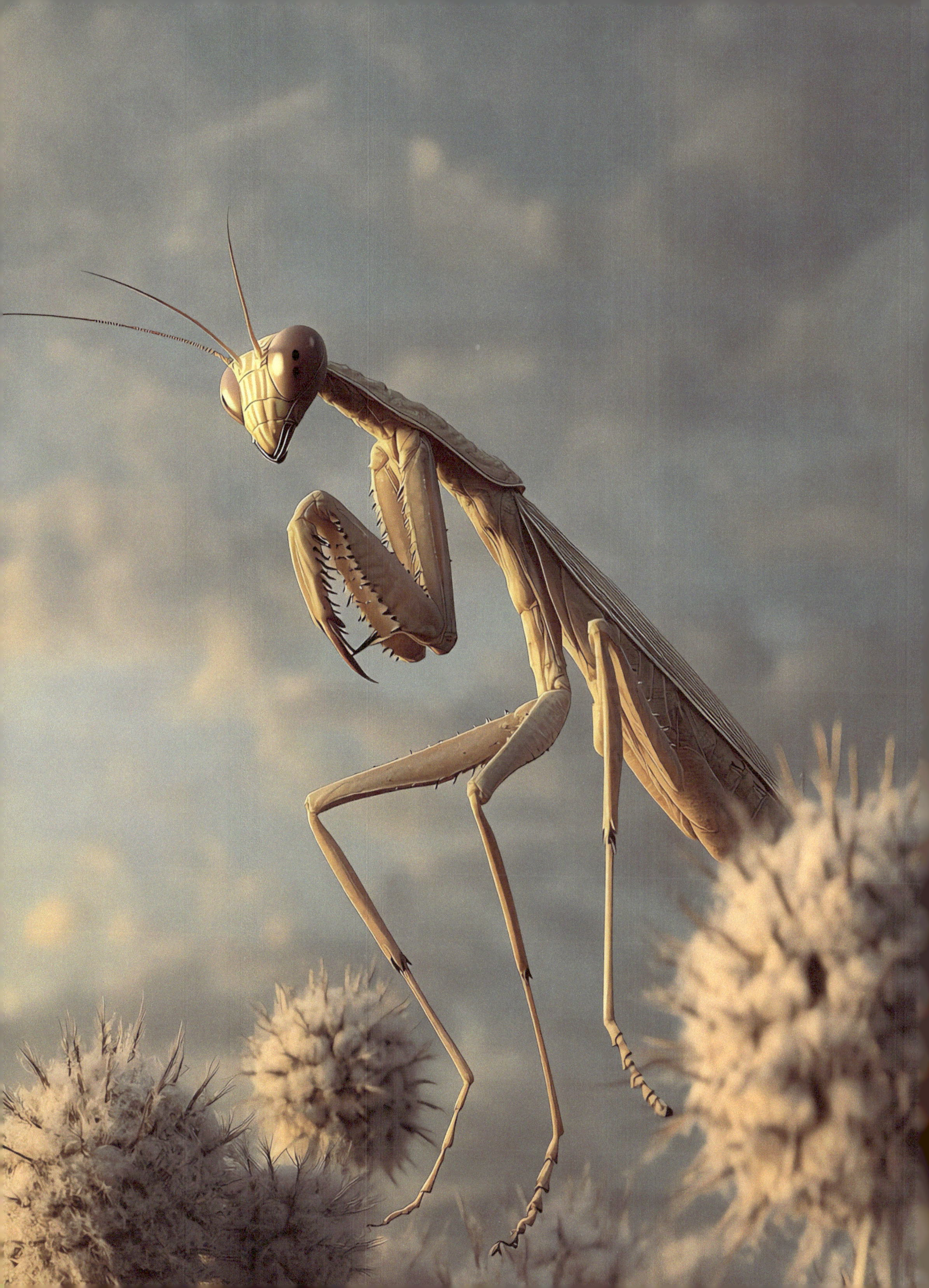

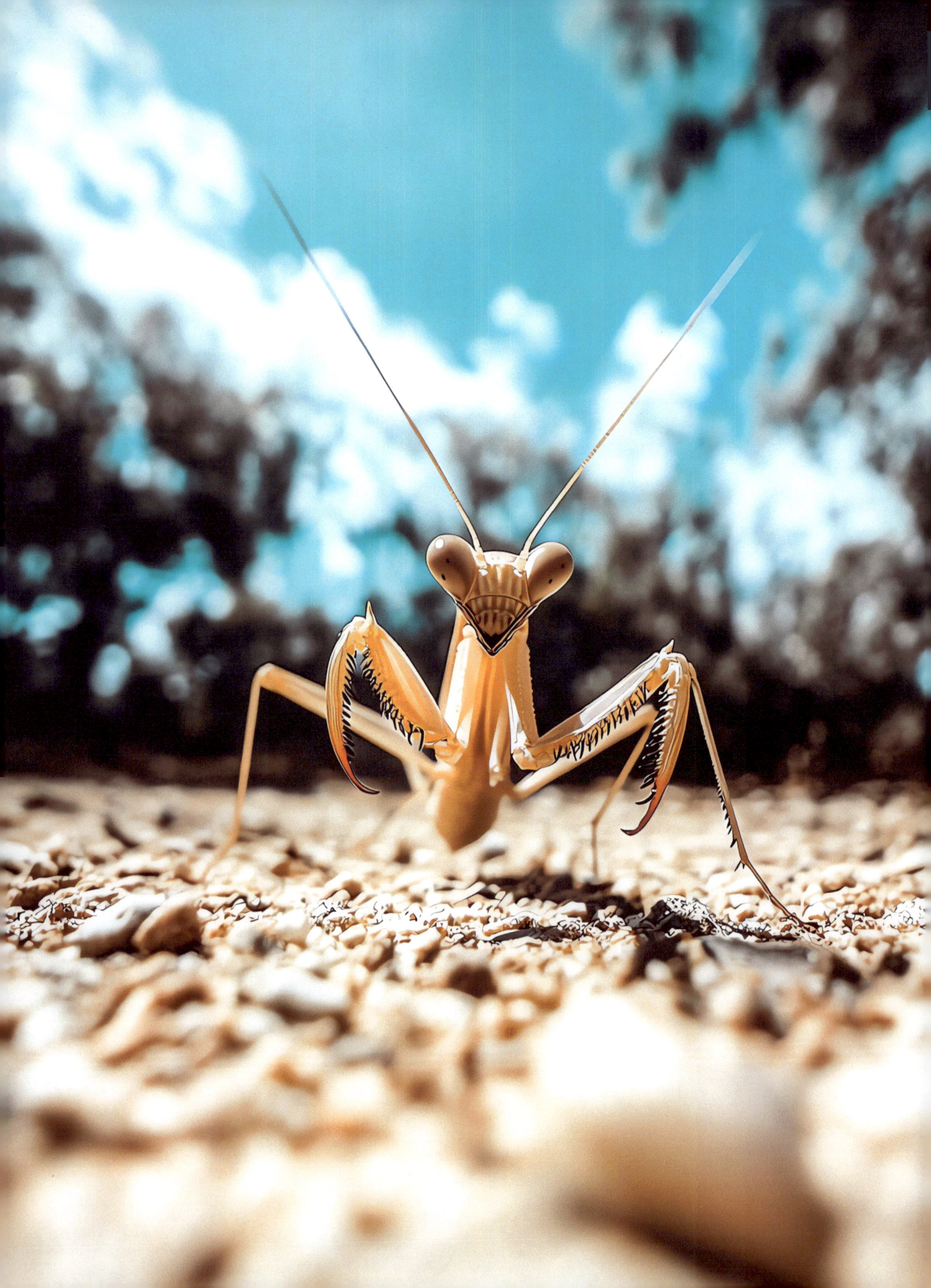

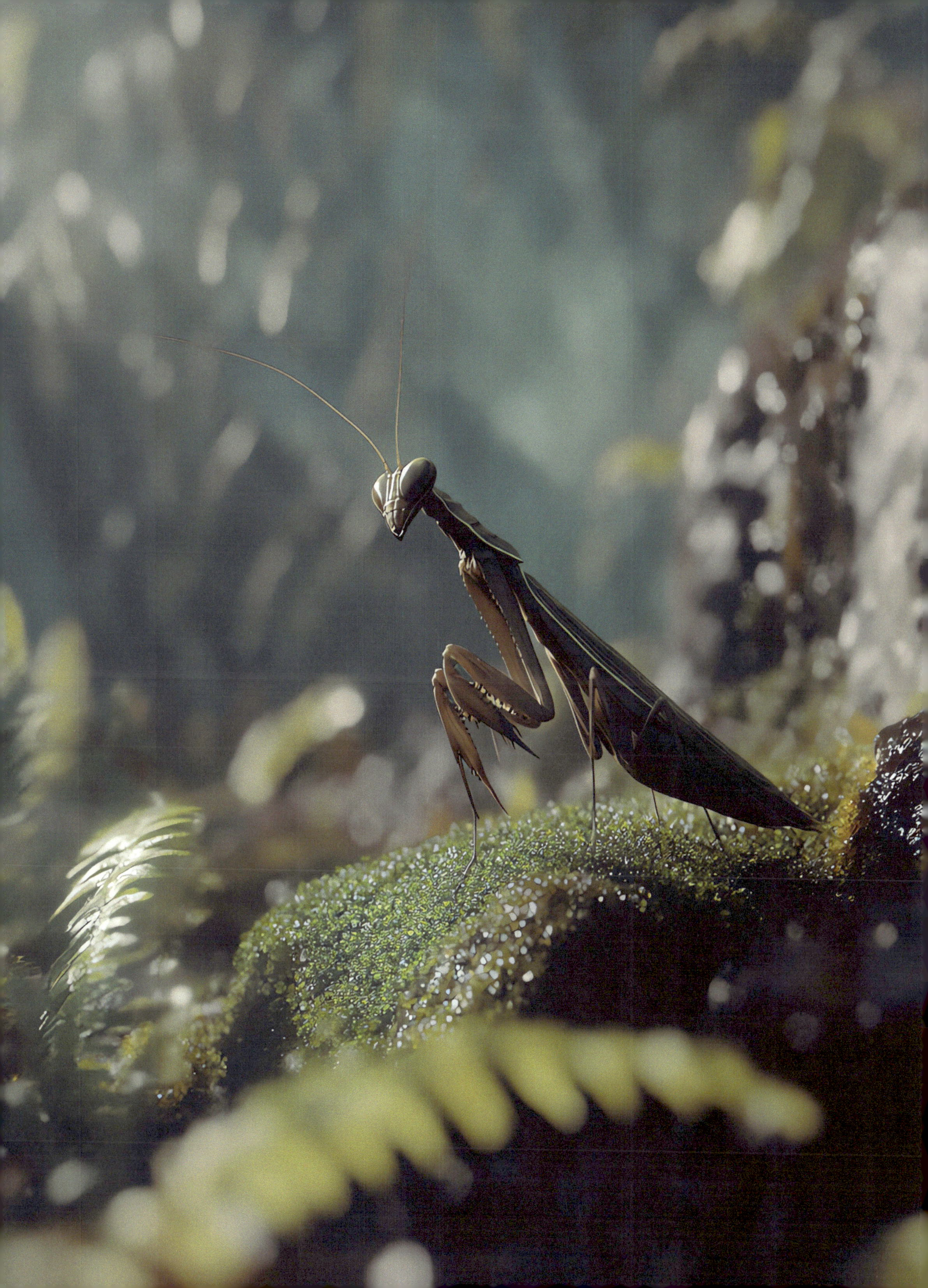

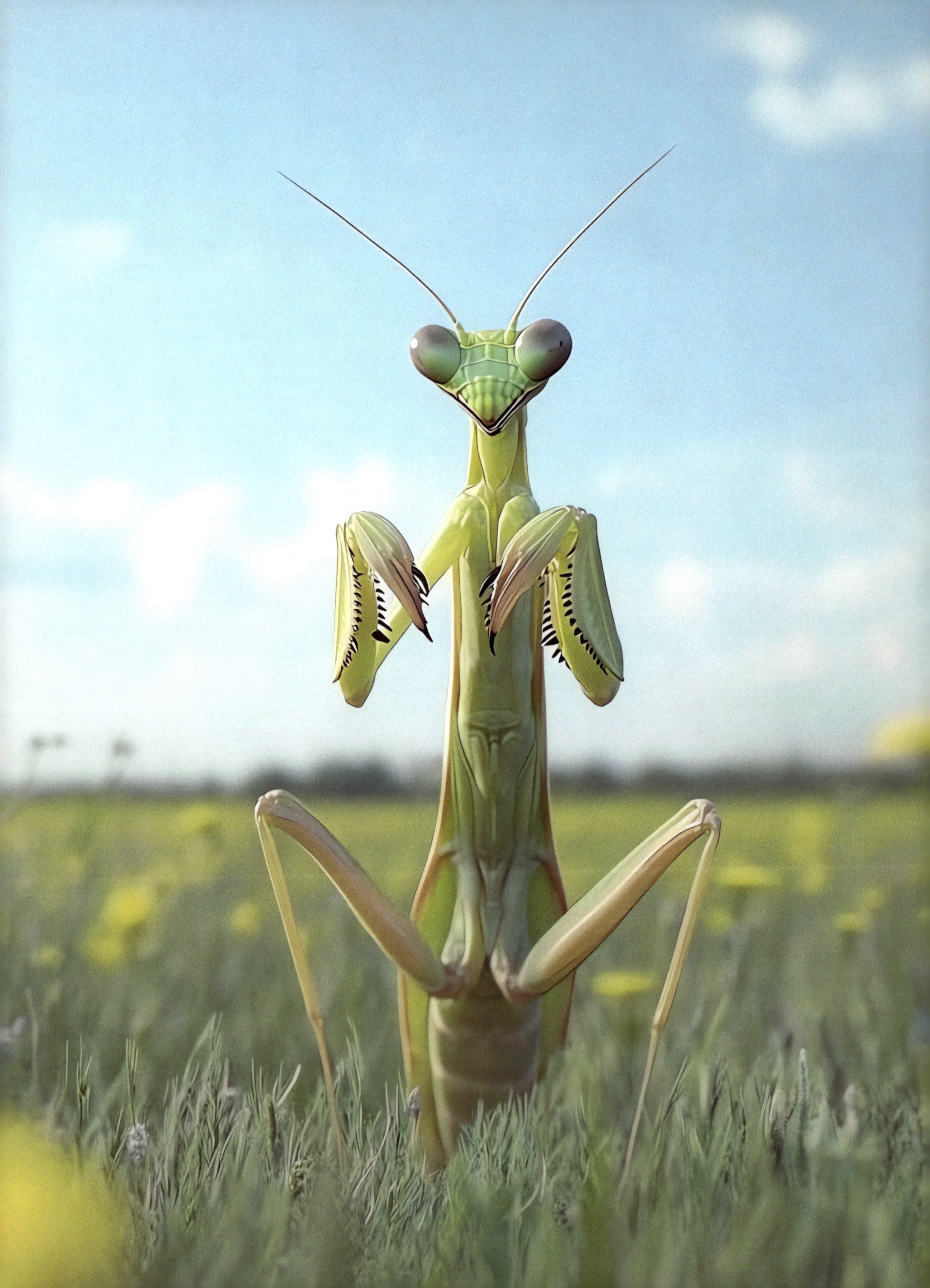

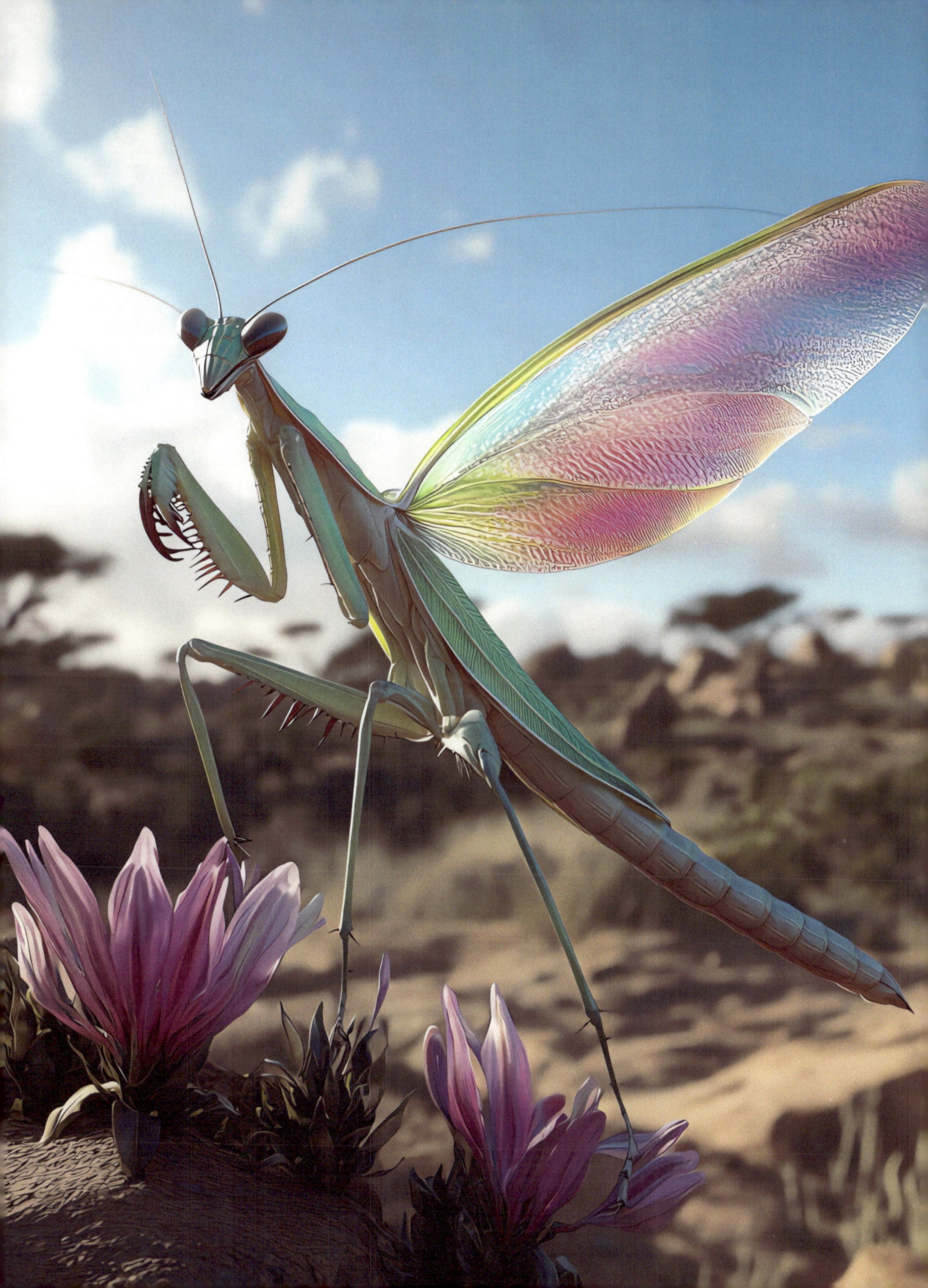

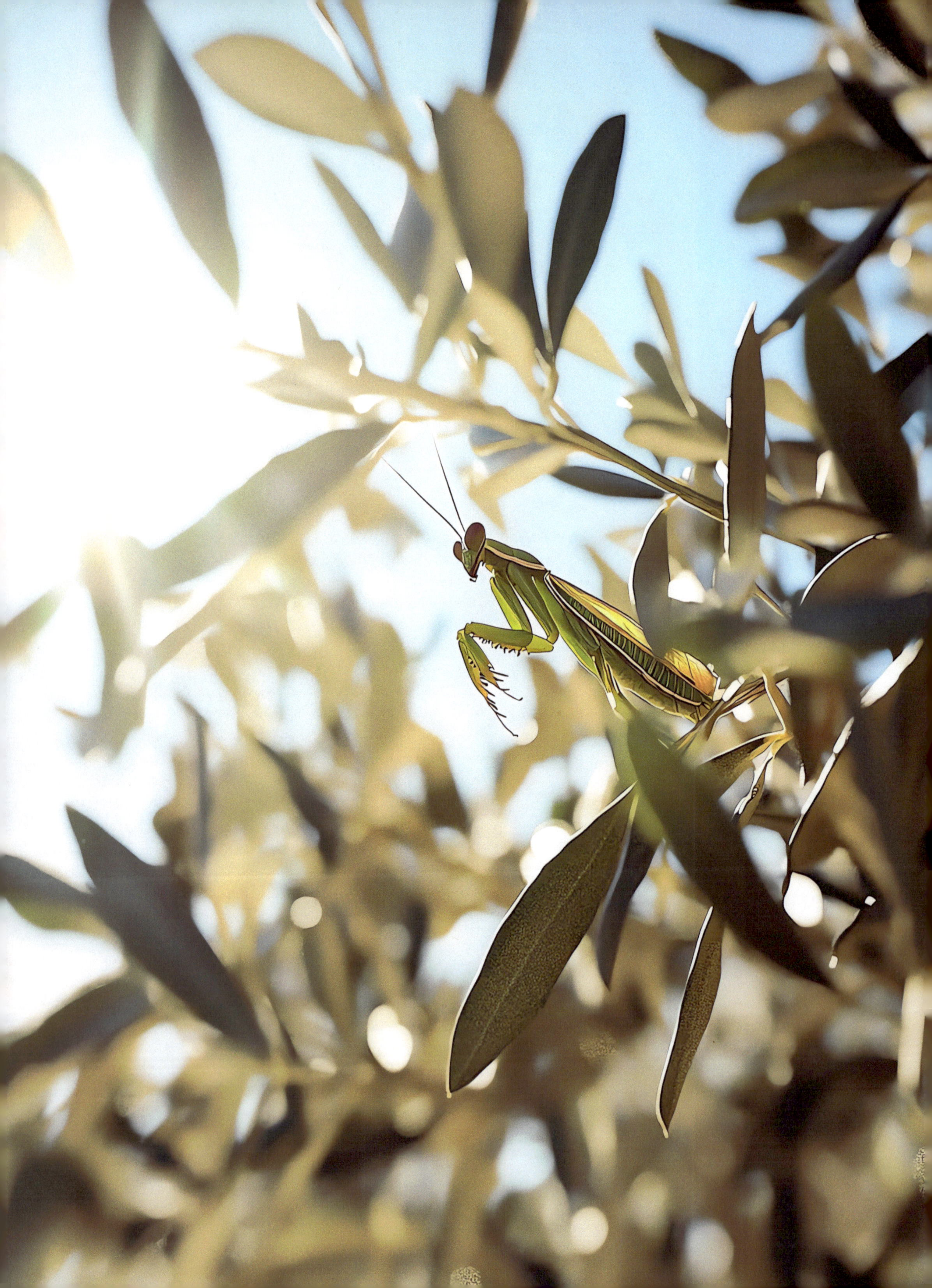

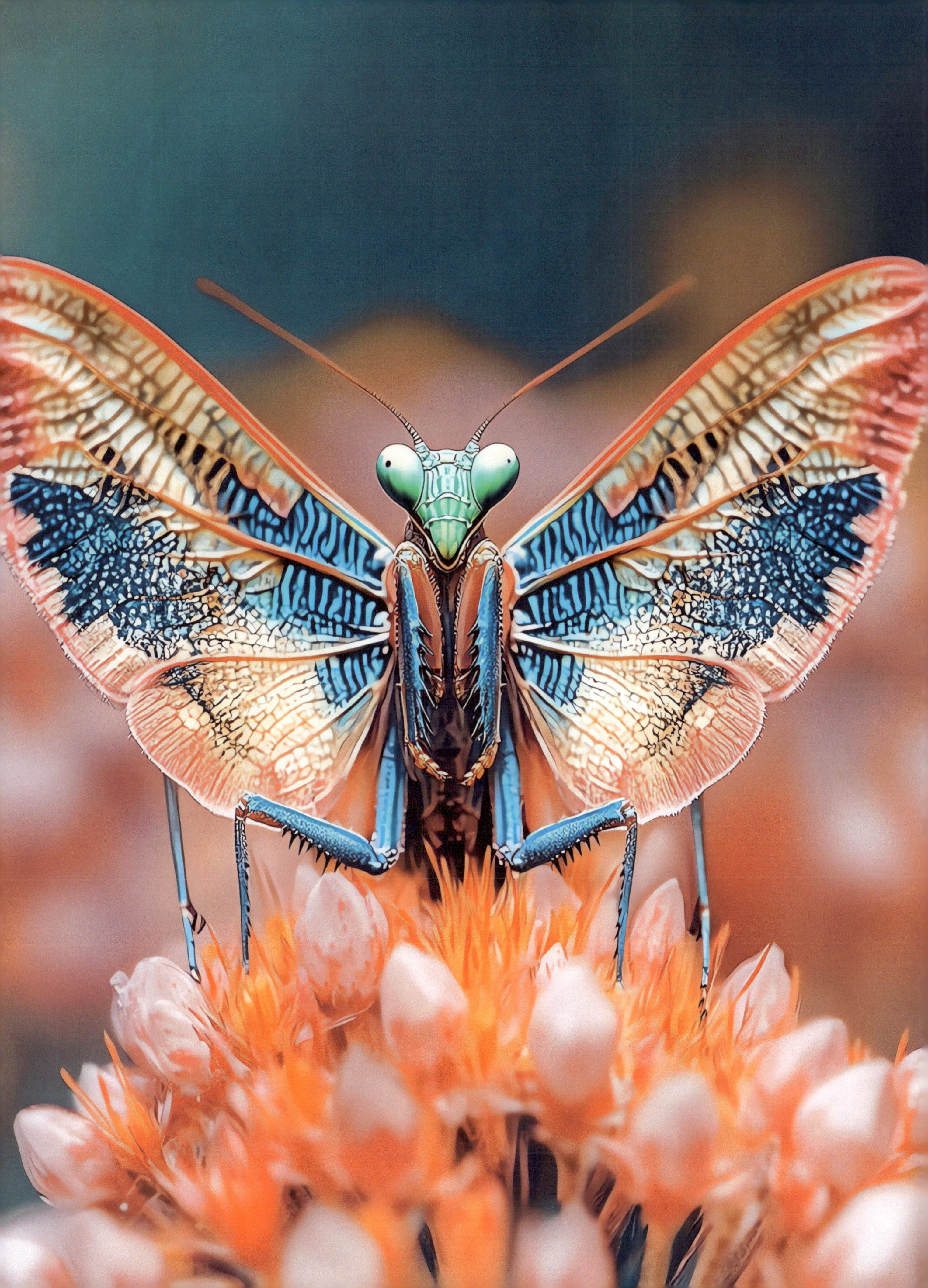

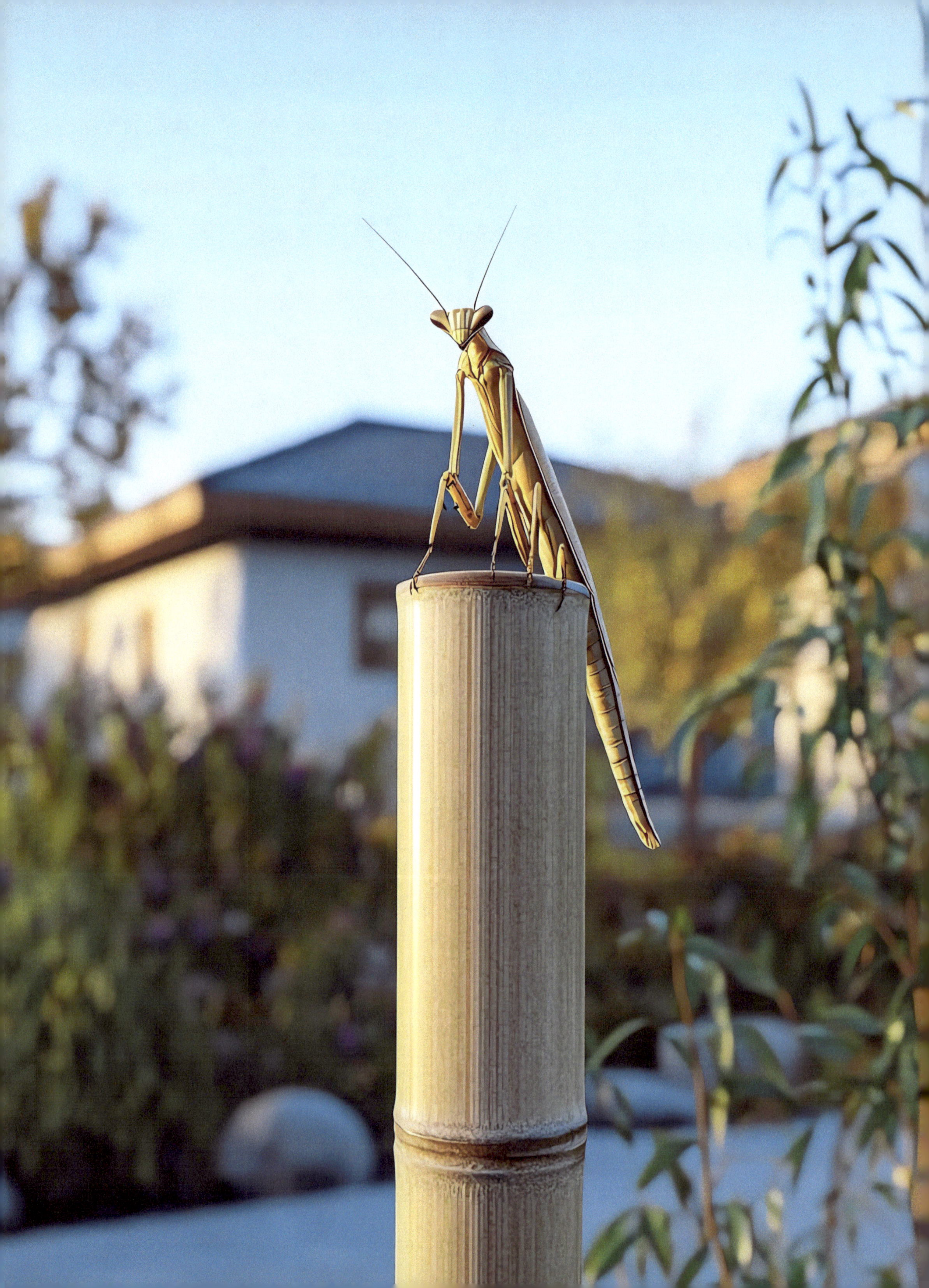

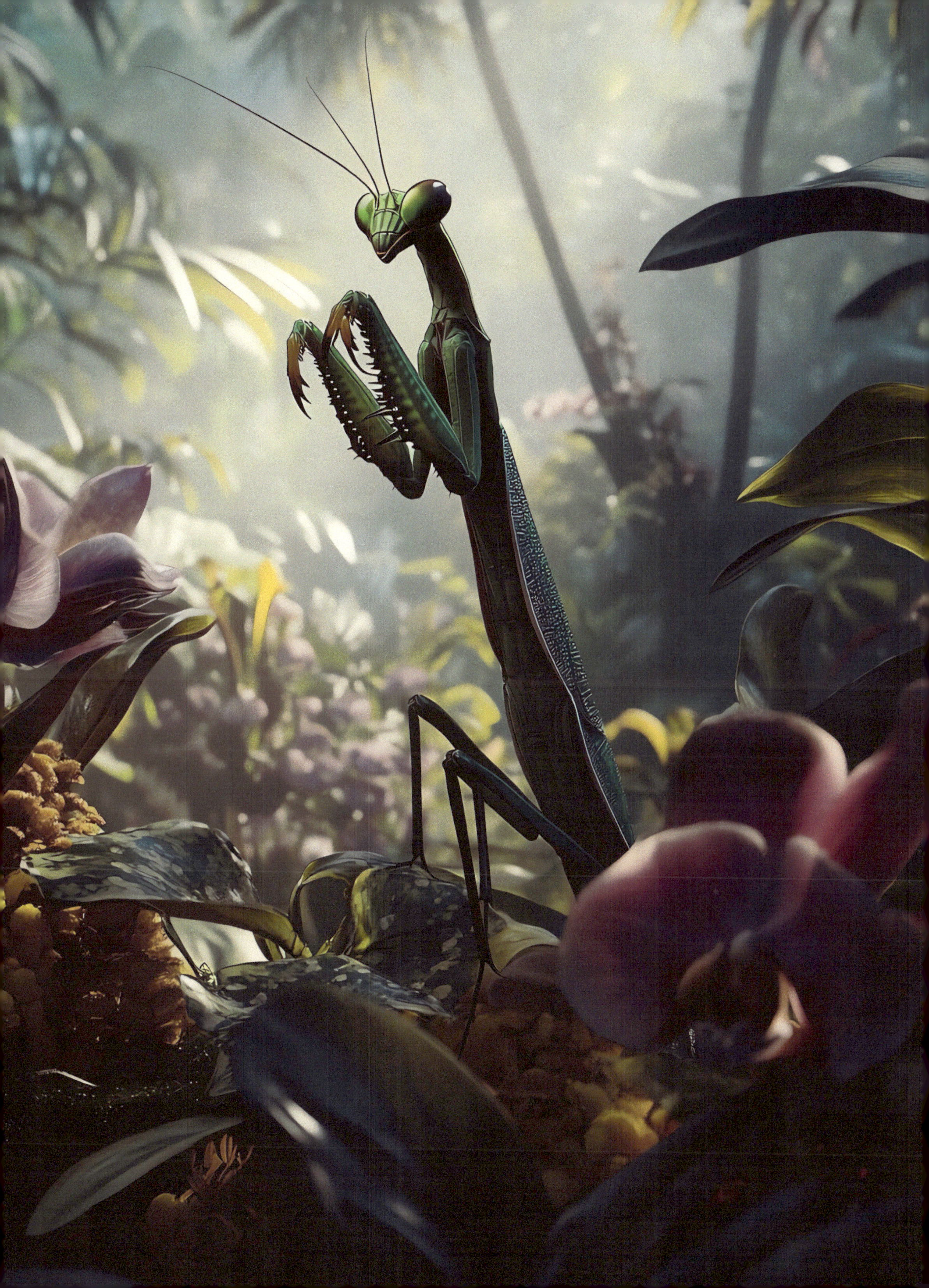

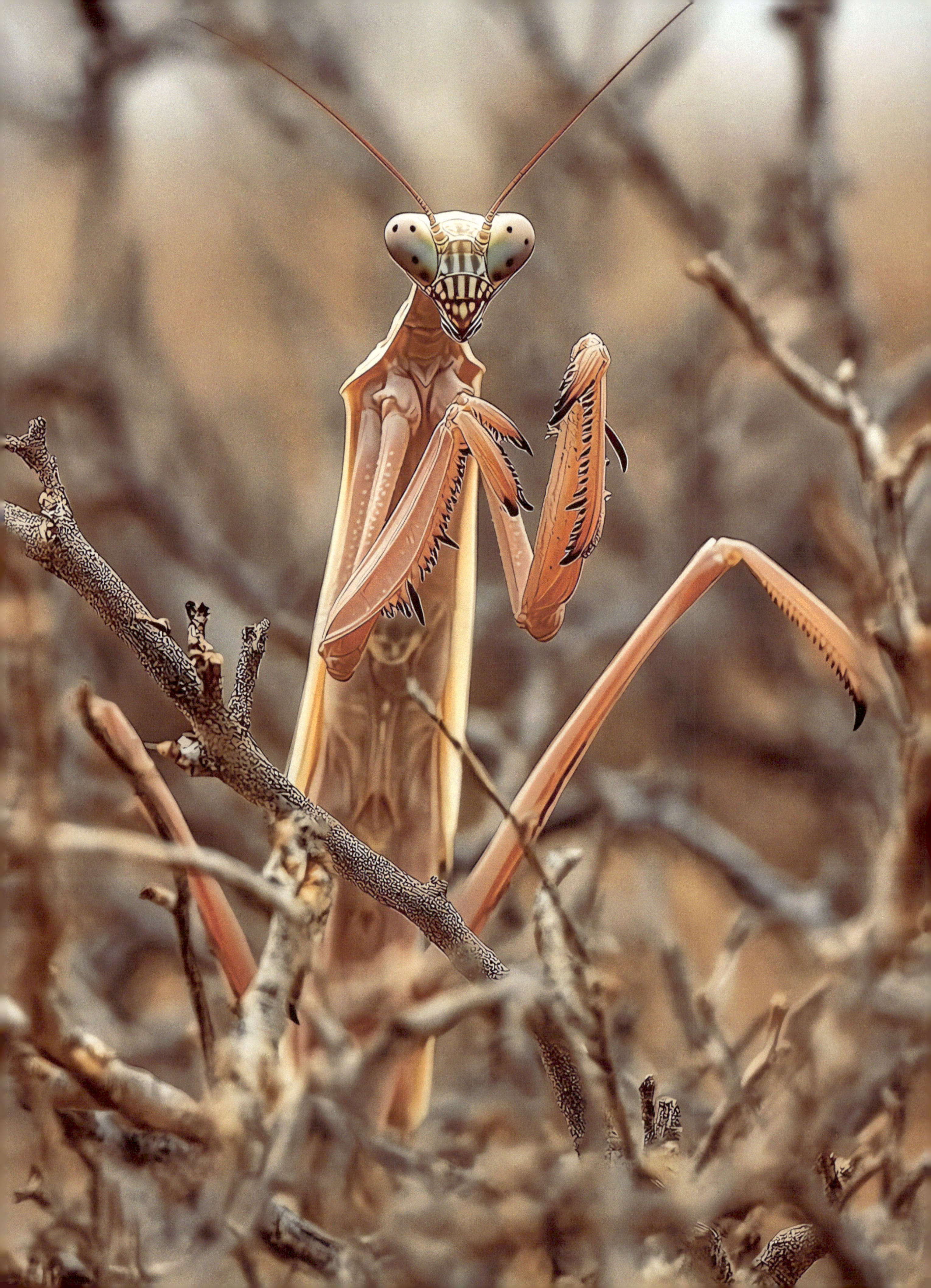

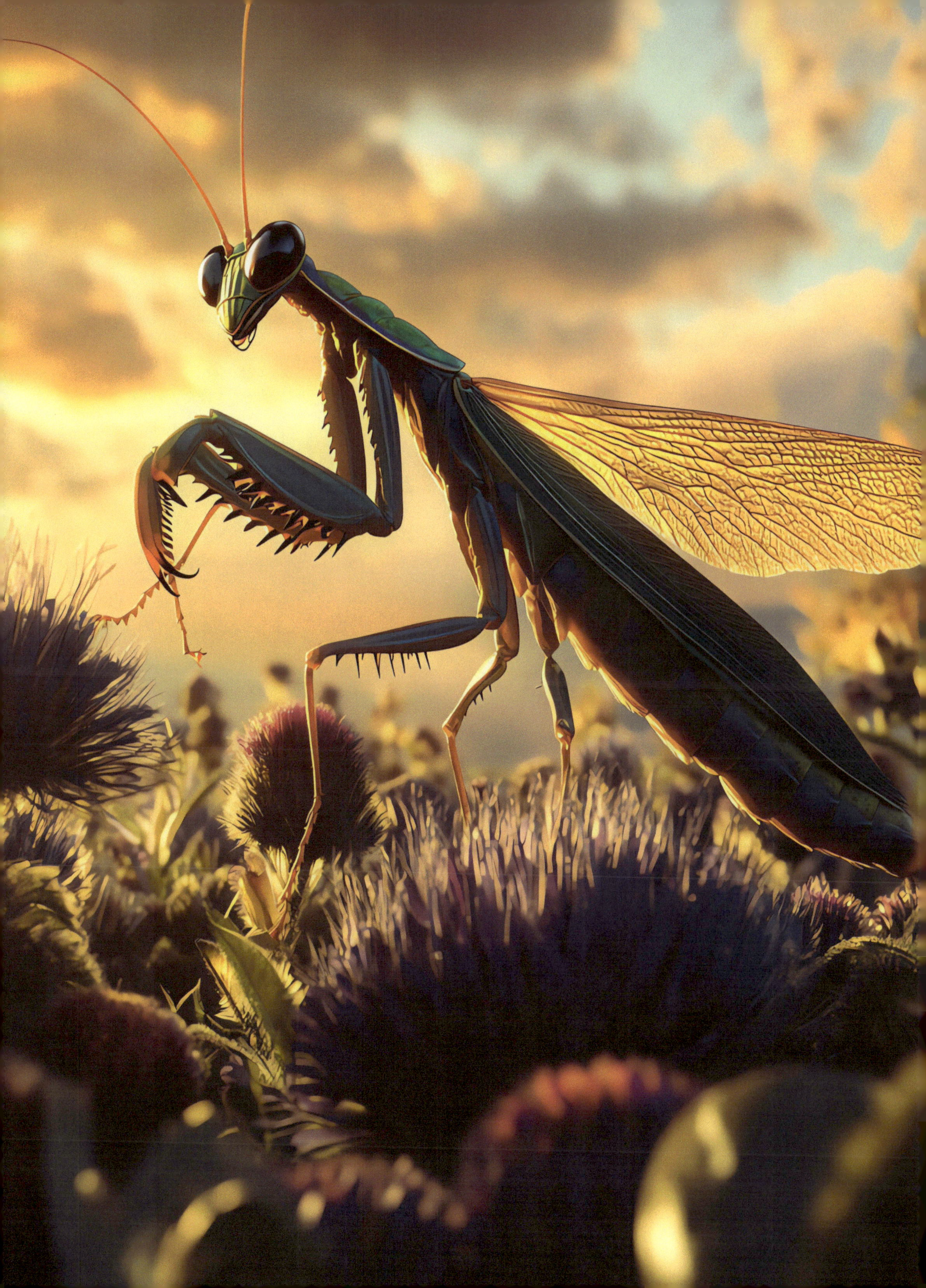

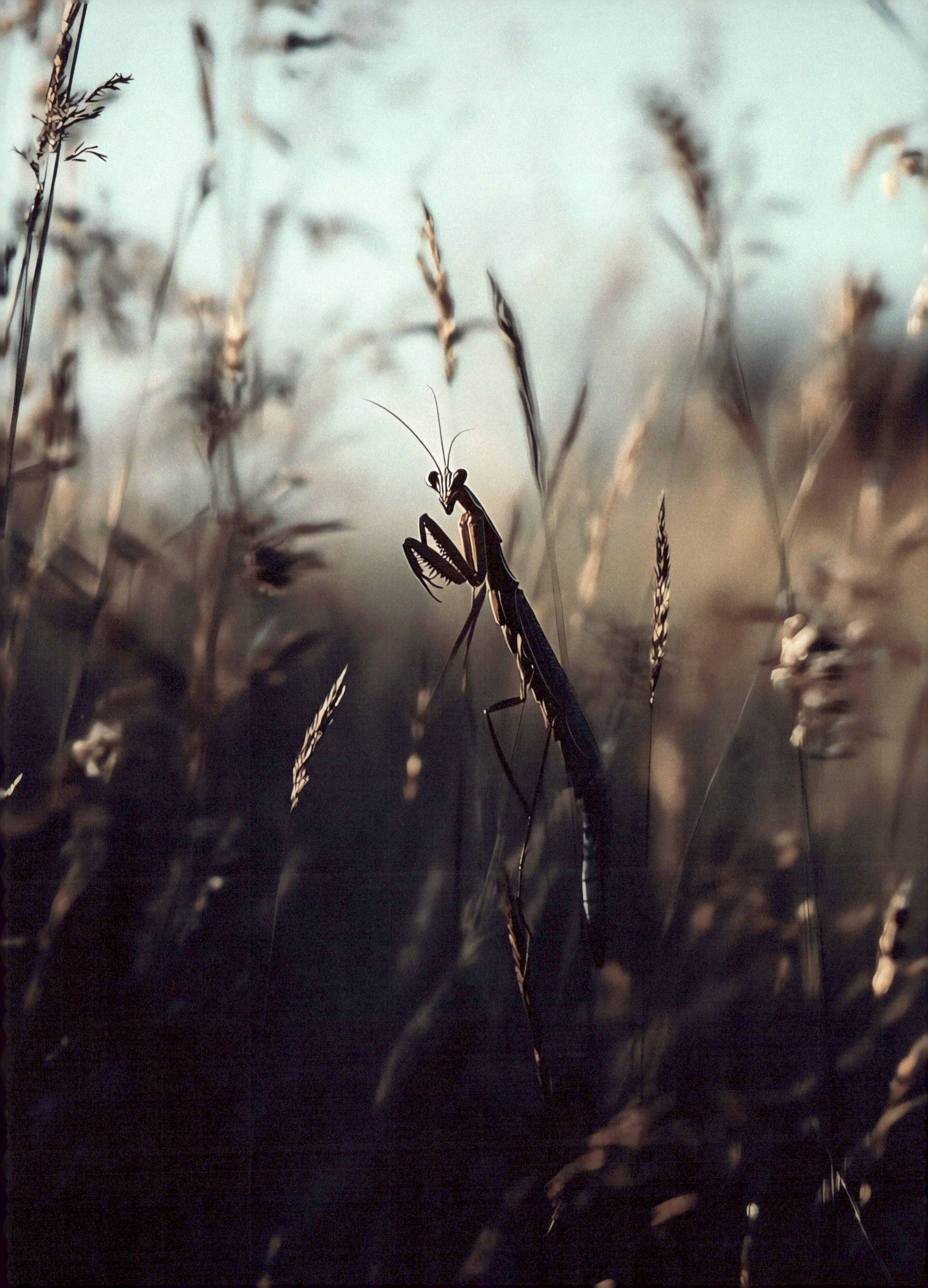

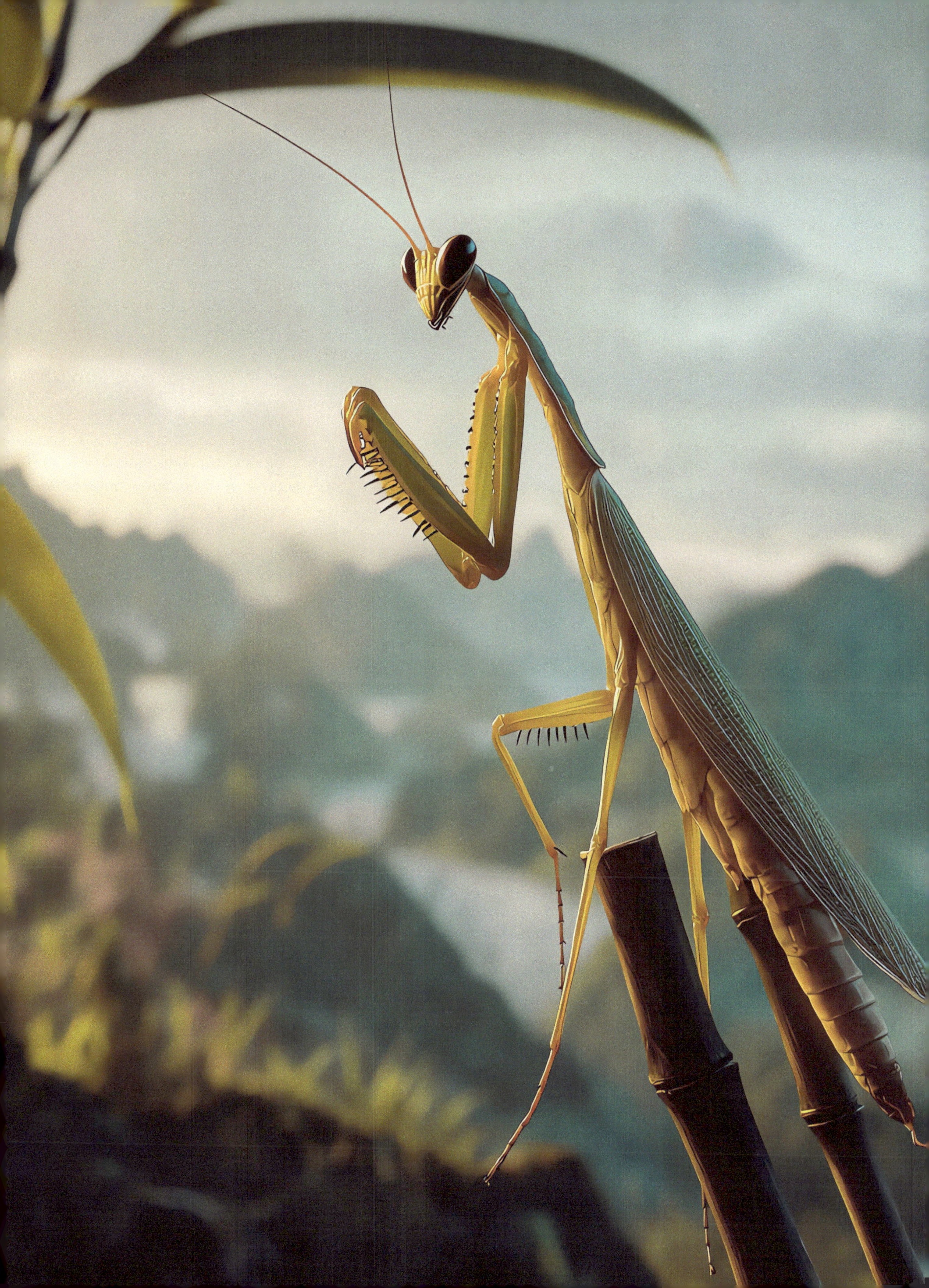

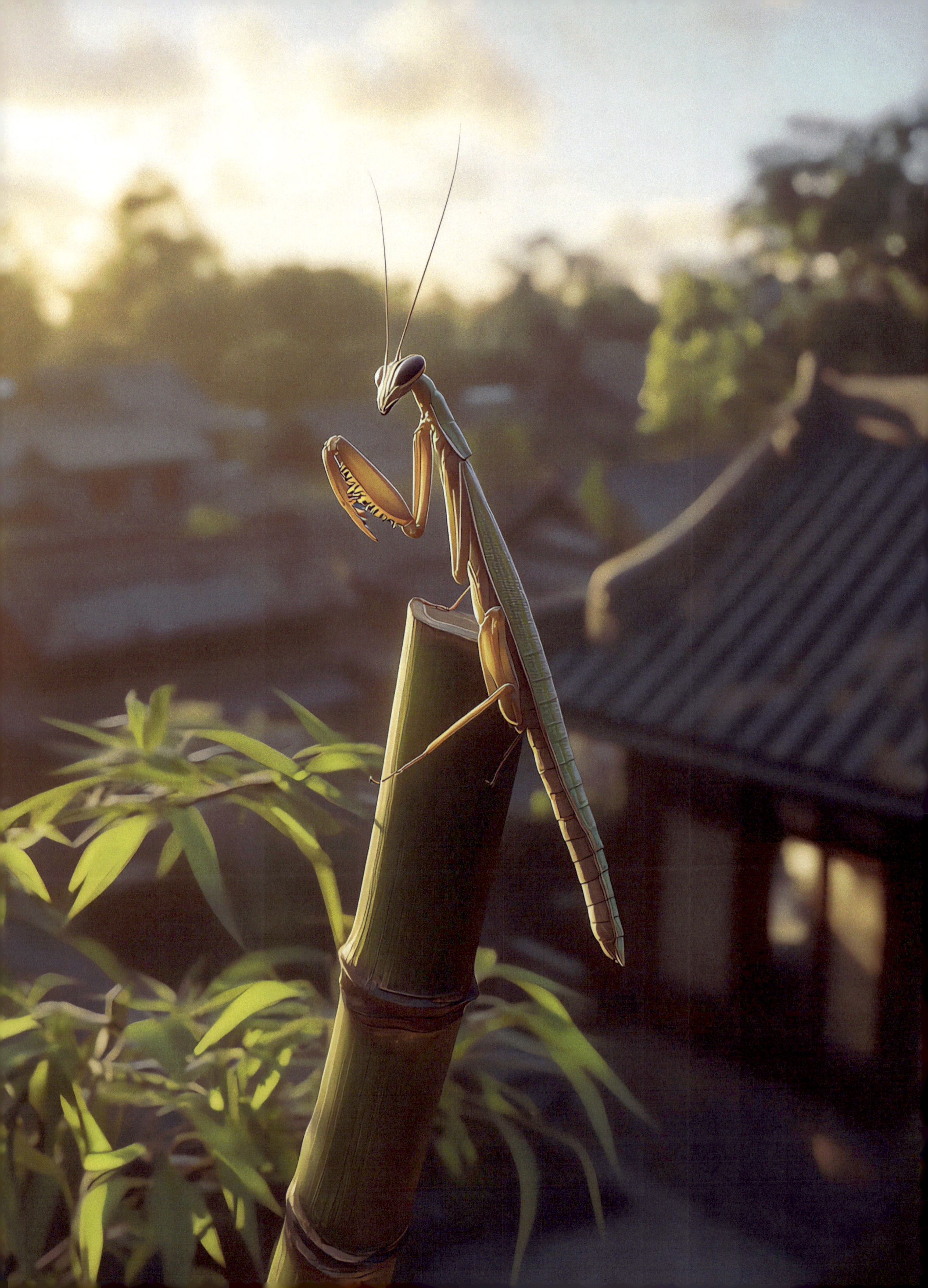

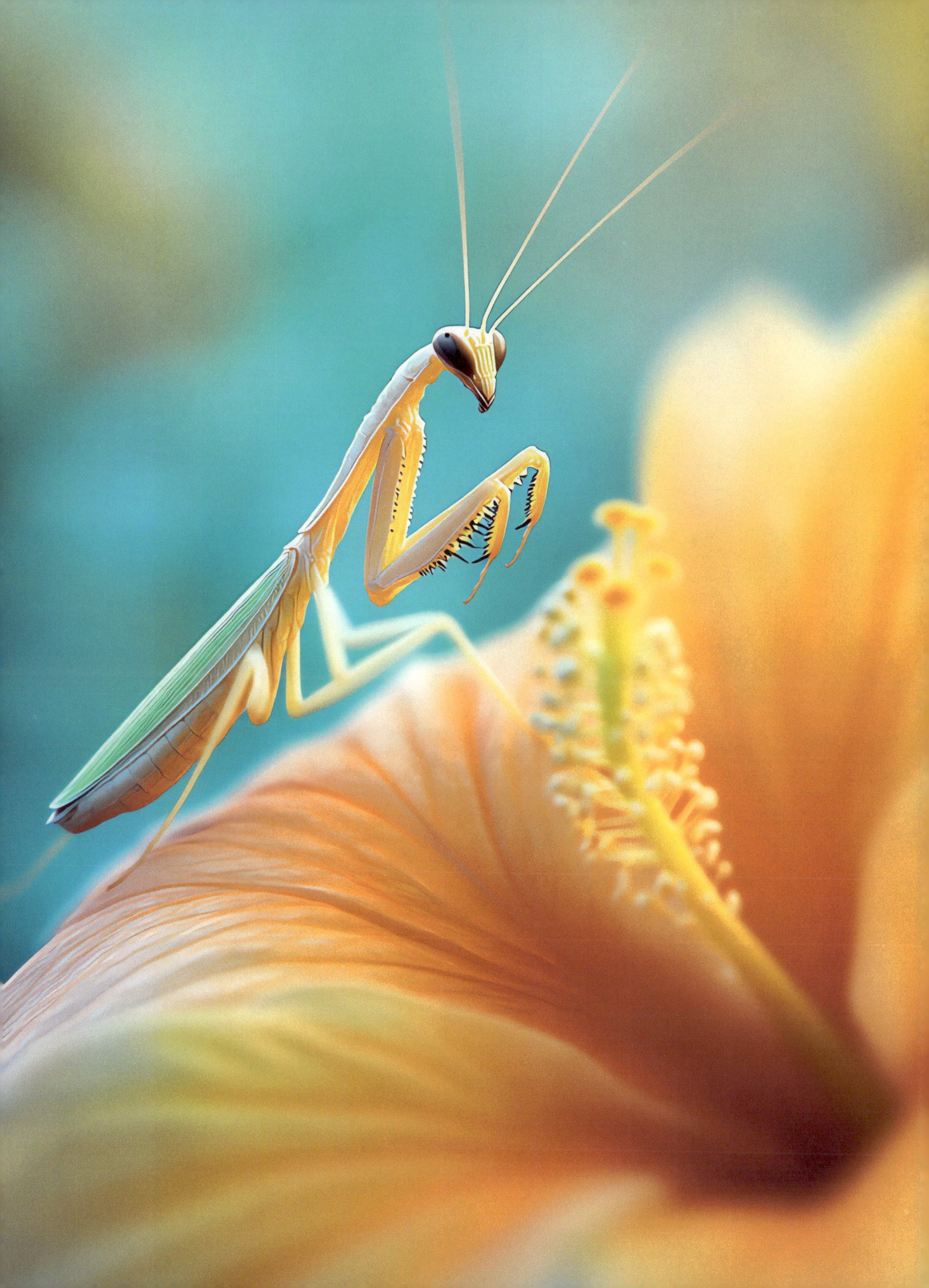

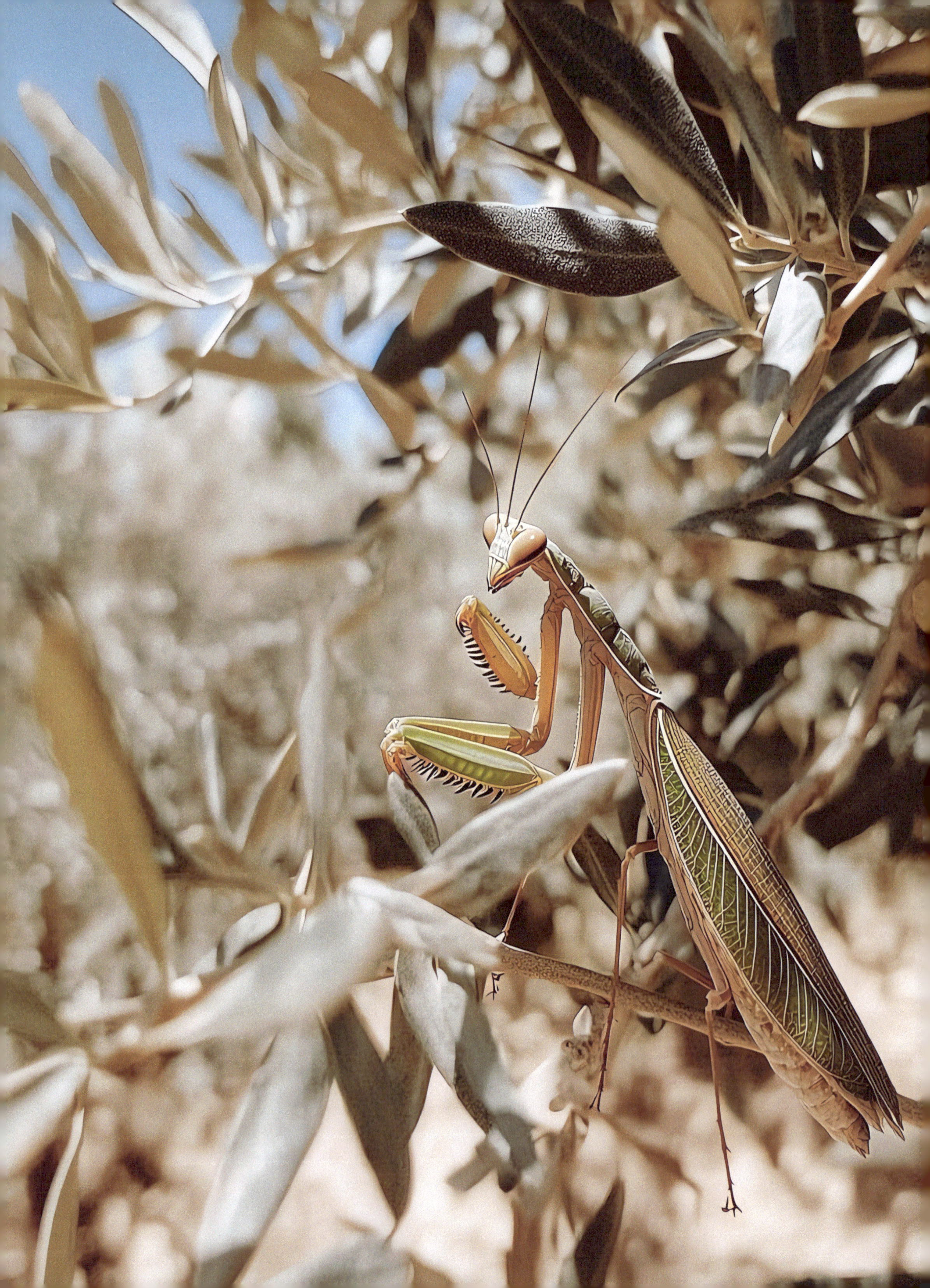

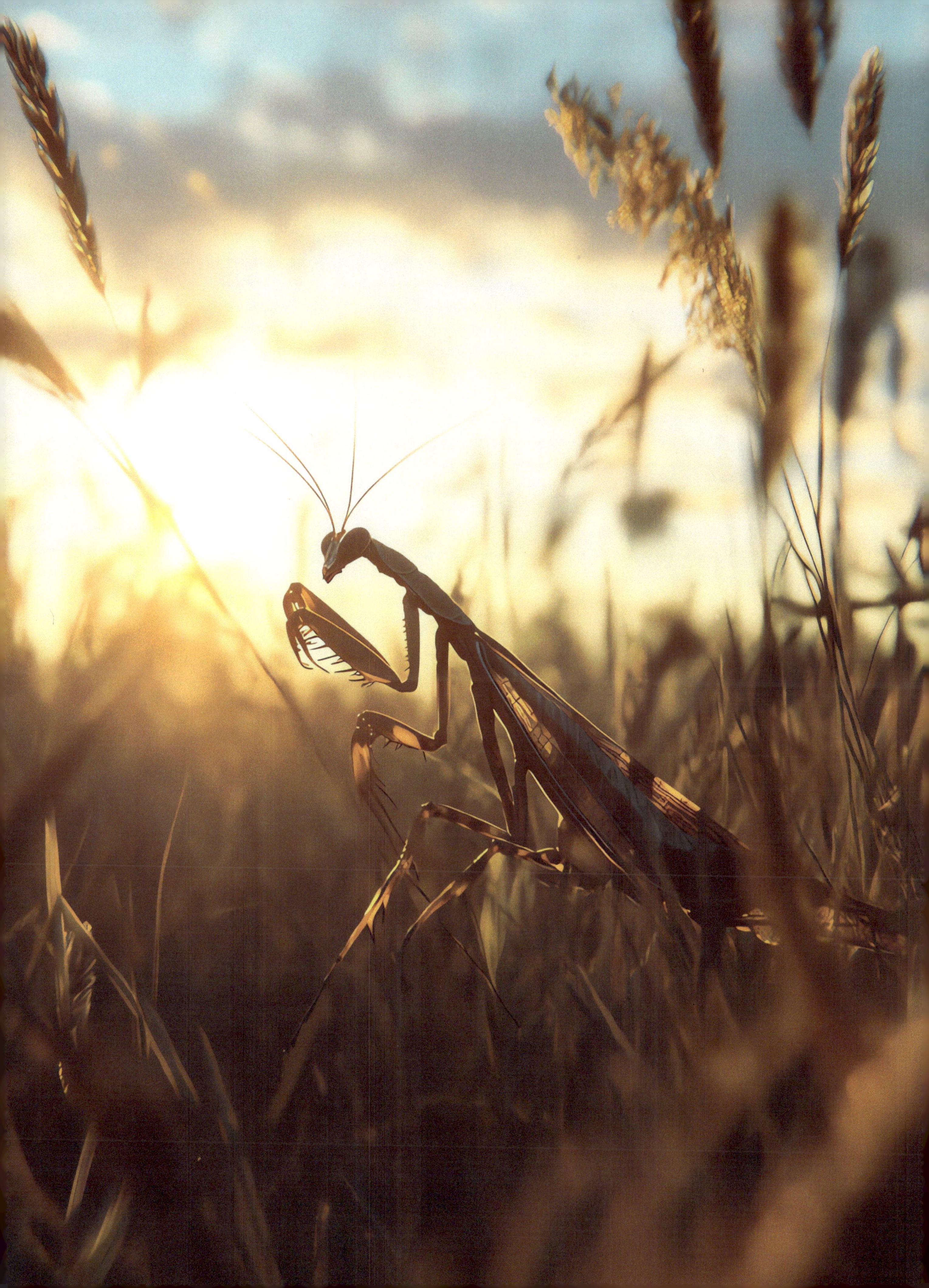

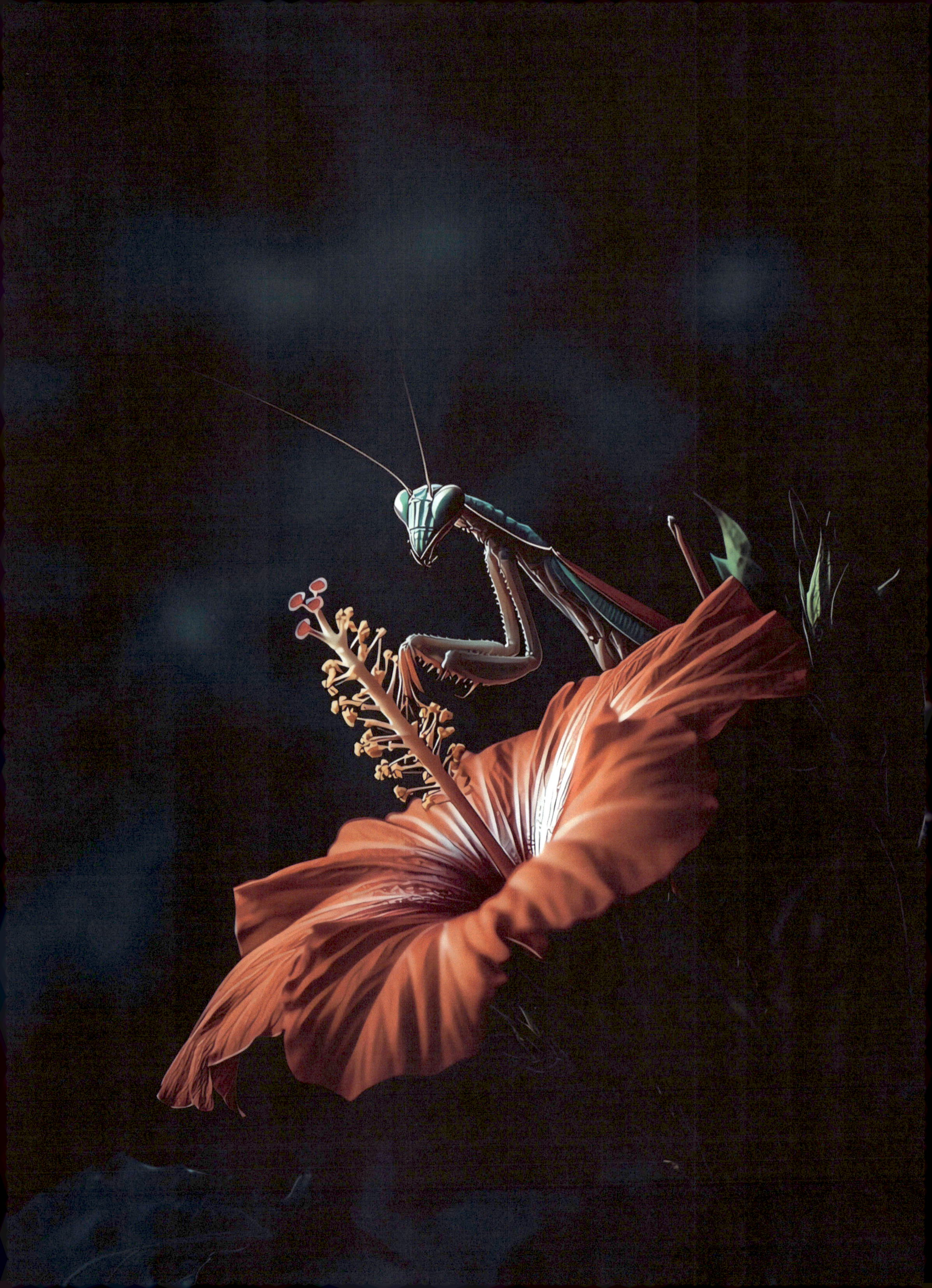